GO! GO! 과학특공대 11

달려라 달려
속력

정완상 지음

BooksHill
이치사이언스

이 책은 각 스테이지별로 재미있는 이야기와 함께 다채로운 코너들로 꾸며져 있습니다.

과학 동화
주인공과 함께 가상현실을 모험하면서 과학 원리와 개념을 쉽고 재미있게 익힐 수 있어요.

과학 영재 되기
이야기에 나왔던 과학 원리와 개념을 교과서와 연관하여 보다 자세하게 배울 수 있어요. (2009년부터 단계적으로 시행되고 있는 새로운 교육과정 기준)

실력 쌓기 퀴즈퀴즈
기본 다지기/ 서프라이즈 진실 혹은 거짓/ 알쏭달쏭 내 생각 등의 다양한 퀴즈를 통해 학습 개념과 관련된 놀랍고 흥미로운 사실들을 알 수 있어요.

부록: 과학자가 쓰는 과학사
이 책의 내용과 관련 있는 과학자가 직접 들려주는 자신의 삶과 업적을 통해 과학자를 더욱 친근하게 만날 수 있어요.

여러분은 상상이 잘 안 되겠지만 선생님은 초등학교 시절 교과서 외에 읽을 수 있는 책이 없었습니다. 한 권 있는 지도책을 등잔불 밑에서 보고 또 보며 세계 여러 나라와 도시 이름을 외우며 상상의 나래를 펼치곤 했지요.

50여 년이 지난 지금도 그때 너덜너덜해진 지도책을 생각하면 저절로 지구상의 모든 나라들이 머릿속에 그려집니다. 읍내에 있는 중학교에 들어가면서 다행히 뉴턴과 아인슈타인, 에디슨 등과 같은 인물들을 책으로 만날 수 있었고, 그때부터 저는 과학자가 되겠다는 꿈을 키웠고 대학에서 과학을 전공하고 교수가 되었습니다.

책은 우리 미래를 밝히는 등대입니다. 선생님은 "GO! GO! 과학특공대"가 여러분을 더 넓은 세상과 더 나은 미래로 이끄는 푸른 신호등이 되리라 확신합니다. 여러분이 학교에서 배우고 있는 내용들을 즐겁고 재미있게 느끼도록 만들었으니까요.

위대한 과학자 뉴턴은 "나는 진리의 바닷가에서 반짝이는 조개껍질 하나를 줍고 기뻐하는 어린아이와 같다."라고 했습니다. 여러분도 "GO! GO! 과학특공대"를 읽고 뉴턴이 느꼈던 그 기쁨을 마음껏 누려보길 바랍니다.

전우수(전 한국 초등과학교육학회 회장 · 공주교육대학교 교수)

이 책을 읽는 어린이들에게

언제나 날 본체만체하는 우리집 야옹이를 알아가는 것, 친구와 하는 내기에서 빨리 셈하는 방법을 알아내는 것, 밤하늘의 반짝이는 별들의 이름을 찾아보는 것은 즐거운 일이지만, 생물을 공부하고, 수학을 공부하고, 과학을 공부를 하는 것은 어렵습니다.

아니, 솔직하게 말해서 공부는 어렵다기보다 하기 싫은 것이죠. 그럼 왜 공부가 하기 싫을까요? 그것은 어른들한테도 어느 정도 책임이 있답니다. 어른들은 1등, 2등밖에 모르기 때문입니다. 사실 엄마 아빠도 모두가 1, 2등을 한 것도 아니면서 말입니다.

학교 갔다 와서 친구들과 축구를 한다거나 컴퓨터 게임을 하면 재미있죠. 맞습니다. 이 글을 쓴 선생님도 학교 갔다 오면 친구들과 동네를 휩쓸고 다니며 노는 것이 공부보다 즐거웠답니다. 그렇게 놀기만 하다 보니 공부가 점점 더 싫어지더라고요.

그러다가 된통 어머니께 꾸중을 들은 날이 있었습니다. 그날 눈물콧물 줄줄 흘리며 혼자 방 안에 앉아 있는데 '그렇게 놀기만 해서는 커서 빈털터리 건달밖에 안 돼.'라는 어머니 말씀이 자꾸 생각나더라고요. 그래서 공부하는 데 취미를 붙여 보려고 책 읽는 연습부터 했죠. 하기 싫은 것을 억지로 한다고 해서 될 것이 아니라는 것을 알았기 때문에, 책 읽는 연습부터 한 거예요.

일을 안 하고는 생활할 수 없듯이, 여러분도 아주 조금씩이라도 공부에 관심을 가져야 합니다. 이건 경험을 통해 알게 된 거예요.

그래서 전 어렸을 적 저처럼 아주 공부하기를 지겨워하는 학생들을 위해 이 책을 썼습니다. 이 책을 재미있게 읽다 보면 몰입하는 즐거움을 느낄 수 있습니다.

몰입이 뭐냐고요? 몰입은 한 가지 일에 푹 빠지는 것을 말합니다. 그러다 보면 바깥이 궁금하고 컴퓨터를 켜고 싶은 생각은 싹 사라지고, 궁둥이도 무거워지겠지요.

이 책에서 여러분은 꼭 배워야 할 내용들을 생활이며, 체험이며, 놀며 즐기는 놀이로 알아갈 수 있습니다. 어떻게 그렇게 하냐고요? 이 책을 통하면 못할 것이 없습니다. 어디든 갈 수 있고 무엇이든 할 수 있죠. 이 책의 주인공들이 경험하는 일들은 모두 우리가 배워야 할 것들이고, 신기하게도 이 친구들을 따라가다 보면 지겨울 틈도, 졸릴 틈도 없답니다.

사실이냐고요? 그럼 선생님 말이 맞나 안 맞나 확인해 보면 되죠. 책장을 펼치고 기대해 보세요. 선생님이 공부를 즐겁게 할 수 있는 마법을 걸어 줄게요. 준비가 되었다면 힘차게 책장을 넘겨 봅시다.

지은이 씀

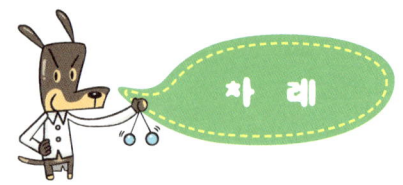

속력 | **주인공 소개** ★ 08

스테이지 1 **로테이션 스피드 게임** **속력의 뜻** ★ 10

과학 영재 되기_ 26
- 속력의 뜻 / 평균 속력과 순간 속력
- 생활 과학 카페: 가장 빠른 스포츠 공은 무엇일까?_ 31

실력 쌓기 퀴즈퀴즈_ 32
- 기본 다지기 / 서프라이즈 진실 혹은 거짓 / 알쏭달쏭 내 생각

아하! 알았다 정답_ 36

스테이지 2 **골탕이아 여왕** **상대 속도 이야기** ★ 38

과학 영재 되기_ 52
- 속도의 뜻 / 상대 속도 / 속도의 덧셈
- 생활 과학 카페: 달리는 버스에 올라탄다고?_ 56

실력 쌓기 퀴즈퀴즈_ 57
- 기본 다지기 / 서프라이즈 진실 혹은 거짓 / 알쏭달쏭 내 생각

아하! 알았다 정답_ 60

스테이지 3 달걀 룰렛 게임   관성 이야기 ★ 62

과학 영재 되기_ 82
- 관성 / 회전 관성
- 생활 과학 카페: 외줄타기_ 86

실력 쌓기 퀴즈퀴즈_ 87
- 기본 다지기 / 서프라이즈 진실 혹은 거짓 / 알쏭달쏭 내 생각

아하! 알았다 정답_ 90

스테이지 4 그리운 집으로   낙하 법칙 ★ 92

과학 영재 되기_ 106
- 낙하 법칙 / 공기저항
- 생활 과학 카페: 인공위성_ 110

실력 쌓기 퀴즈퀴즈_ 111
- 기본 다지기 / 서프라이즈 진실 혹은 거짓 / 알쏭달쏭 내 생각

아하! 알았다 정답_ 114

부록 │ 갈릴레이가 쓰는 과학사 ★ 116

[주인공 소개]

안녕? 나는 피즈팬이라고 해.

피즈팬

물리천재 피즈팬은 12살 소년이다.

피즈팬은 다른 아이들처럼 학교에 다니지 않고,

아빠가 만들어 주신 SR로 무엇이든 공부할 수 있다.

SR은 Scientific Reality!

번역하면 '과학현실'이라는 프로그램이다.

우리가 가상현실 게임 속에서

로켓 조종사가 되기도 하고

골프선수가 되기도 하듯

피즈팬은 SR을 통해 다양한 세계를 여행하면서

물리에 대한 모든 것을 배울 수 있다.

피즈팬이 오늘 배우고 싶어하는 주제는 속력에 관한 것이다.
물리천재에게 그런 게 왜 필요하냐고?
아빠는 기본 개념에 충실해야 한다고 항상 강조하신다.
그래서 피즈팬은 속력에 대한 SR을 시행하기로 결심했다.
피즈팬이 SR의 초기화면에서 '**과학 〉물리 〉속력**'을 선택하자
다음과 같은 메시지가 나타났다.

속력에 대한 SR 프로그램입니다.
당신은 다음 상황을 체험하게 됩니다.

☐ 골탕리아 여왕 만나기

스테이지 1

로테이션 스피드 게임
속력의 뜻

물체의 빠르기를 나타내는 양을 **속력**이라 부른다.

"맥가이봇! 우리 뒷산에 가자!"

"좋아. 안 그래도 가슴이 답답하던 참이었어."

맥가이봇이 깊은 한숨을 내쉬며 말했다.

"풋~ 로봇도 가슴이 답답해지냐? 원래 그런 기능이 있었나?"

피즈팬은 피식 웃으며 고개를 갸웃했다.

"네가 실험실에 오래 있을 때 항상 하는 말이잖아, 히힛! 그래서 나도 한번 써 봤어. 어때, 이런 말 쓰니까 나도 사람 같지?"

맥가이봇은 반질반질한 얼굴 화면에 눈웃음 표정을 띄우며 장난스럽게 어깨를 으쓱해 보였다. 맥가이봇은 물리 천재 피즈팬이 먹통이 된 전자 벽걸이 시계를 개조해 만든 로봇으로, 피즈팬의 소중한 친구였다.

둘은 가벼운 마음으로 뒷동산에 올랐다. 봄바람이 솔솔 불어와 산책하기 더없이 좋은 날씨였다.

피즈팬은 나무 그늘 아래에 자리를 잡은 후 맥가이봇에게 기대어 책을 읽었다. 실험이 안 풀려 답답했던 마음이 어느새 탁 트이고 평안해지는 기분이 들었다.

피즈팬이 책 읽기에 푹 빠져들 무렵, 앙증맞게 생긴 노란 고양이 한 마리가 피즈팬 앞으로 휙 지나갔다. 피즈팬은 고양이 쪽으로 시선을 돌렸다.

"급하다, 급해!"

고양이는 혼잣말을 하며 부랴부랴 언덕 아래쪽으로 뛰어갔다.

"우와, 말하는 고양이야!"

피즈팬은 자신의 귀를 의심하며 맥가이봇을 흔들었다.

"아냐, 고양이 로봇인지도 몰라. 피즈팬, 저 고양이를 잡아서 내 애완로봇으로 삼게 해 줘!"

벌써부터 한껏 들뜬 맥가이봇이 피즈팬을 졸랐다.

"아, 그거 좋은 생각인데!"

피즈팬은 서둘러 오토보드에 올라탔다. 피즈팬이 만든 오토보드는 시속 120킬로미터까지 달릴 수 있었다.

피즈팬은 고양이를 놓칠세라 바짝 뒤쫓았다. 하지만 고양이 역시 아주 빨랐다.

"저렇게 빨리 달리는 고양이는 처음 봐. 동물 육상 대표인가 봐."

피즈팬은 고양이의 속력에 놀라며 오토보드 손잡이를 거머쥐었다.

"그럴 리 없어. 오토보드의 현재 속력은 시속 100킬로미터야. 내 자료에 의하면 네 발 달린 동물 중에서 오토보드만큼 속력이 빠른 건 치타밖에 없어."

맥가이봇은 얼굴에 나타난 컴퓨터 자료를 읽어 내렸다.

어느덧 고양이는 피즈팬의 추격에서 벗어나, 거대한 바위 근처에서 사라져 버렸다.

"어! 이건 못 보던 바위인데……."

피즈팬은 바위 주위에 오토보드를 멈춰 세우고 크고 둥글둥글하게 생긴 바위를 유심히 살폈다. 들판 한가운데에 못 보던 바위 하나가 떡 하니 자리잡고 있는 것이 뭔가 이상해 보였다.

"고양이는 어디로 간 거지?"

맥가이봇이 바위 주위를 돌며 고양이를 찾았다.

"모르겠어. 분명히 이쪽으로 왔는데……."

피즈팬도 고양이를 놓친 것이 못내 아쉬웠다.

그런데 그때, 바위가 피즈팬과 맥가이봇을 향해 움직이더니, 미처 피할 사이도 없이 피즈팬과 맥가이봇을 덮쳤다. 피즈팬은 두 눈을 질끈 감고 '큰 사고가 났구나' 하고 생각했다. 하지만 이상하게 바위에 부딪히는 충격은 없고, 어디론가 빨려 들어가는 느낌만 들었다.

피즈팬은 살며시 눈을 떴다. 눈앞에는 짙은 안개가 드리

워져 있었다. 피즈팬이 조심스럽게 맥가이봇을 불렀다.

"맥가이봇…… 어디 있니?"

"피즈팬…… 나 여기 있어……."

그리 멀지 않은 곳에서 맥가이봇의 목소리가 들려왔다.

"여기가 도대체 어디지?"

피즈팬은 허공을 더듬어 맥가이봇을 찾았다. 둘은 한 발 한 발 내딛으며 안개의 중심에서 빠져나왔다.

안개가 옅어지자 둘 앞으로 조그만 연못 하나가 모습을

드러냈다. 그리고 그 연못가에 좀 전에 네 발로 뛰어가던 앙증맞은 노란 고양이가 사람처럼 두 발로 서 있었다.

"쟨 뭐야? 무슨 고양이가 두 발로 서 있는 거야?"

"흥, 날 따라왔구나! 난 스피더스 제국의 여왕님을 모시고 있는 캐트피다."

피즈팬의 말이 끝나기가 무섭게 고양이가 냉랭한 목소리로 말했다.

"스피더스 제국? 여왕?"

피즈팬은 고양이 캐트피가 하는 말을 도무지 알아들을 수가 없어서 고개만 갸우뚱거렸다.

"여기로 들어오는 건 쉽지만 나가는 길은 여왕님만이 아신다. 그러니까 여왕님의 말을 잘 들어야 할 거야."

"뭐? 여왕을 만나야 집에 갈 수 있다고?"

피즈팬은 뭔가 이상하고 잘못되었다는 생각에 정신이 번쩍 들었다.

"하지만 너희들은 여왕님을 만날 수 없어."

고양이 캐트피는 팔짱을 끼고 서서 냉정한 목소리로 또

박또박 말했다.

"왜?"

"아이템이 없기 때문이야."

"아이템이라면 게임에서 이겼을 때 받는 걸 말하는 거야?"

"그래. 아이템이 있어야만 여왕님이 만나 주실 거야."

"캐트피라고 했지? 네가 아이템을 얻을 수 있게 우릴 좀 도와줘. 아까 널 뒤쫓았던 건 미안해."

갑작스런 일에 눈앞이 캄캄해진 피즈팬은 캐트피를 붙잡고 사정했다.

"음……, 좋아. 그럼 로테이션 스피드 게임에 참가해. 어떤 방법으로 달리든 상관없이 거기서 일등을 하면 여왕님을 만날 수 있도록 아이템을 주지."

"로테이션 스피드 게임……? 로테이션은 회전이고 스피드는 속력이니까, 회전 속력 게임? 음…… 빙글빙글 빨리 돌면 이기는 거 같은데……. 그럼 걱정할 건 없겠어! 내겐 시속 120킬로미터로 달리는 오토보드가 있으니까!"

피즈팬은 조용히 혼잣말로 중얼거렸다. 그리고 곧바로 캐트피에게 경기에 참가하겠다고 말했다.

캐트피가 휘파람을 '휙~' 하고 불었다. 그러자 기다렸다는 듯이 어디선가 치타와 토끼, 거북이가 나타났다. 모두 말을 하고 두 발로 걸어 다니는 동물들이었다.

캐트피는 지금 경기를 시작하겠다며 모두를 한곳에 모았다. 그리고 경기 규칙을 설명했다.

"모두 잘 들어. 아이템이 걸려 있는 시합이야. 경기는 이 연못 둘레를 달리는 거야. 달리다가 쉬고 싶으면 쉬고 더 뛰고 싶으면 더 뛰고, 이런 식으로 맘대로 달려."

"잠시만! 그럼 그 방법으로는 누가 가장 빠른지 알 수 없잖아. 좀더 구체적이어야 해."

설명을 듣고 있던 피즈팬이 손을 들어 말했다.

"그냥 달리면 되지, 웬 규칙이람."

밤새 뜬눈으로 지새웠는지 눈이 벌겋게 충혈된 토끼가 투덜거리듯 말했다. 두 귀를 축 늘어뜨린 토끼는 모든 게 귀찮은 표정이었다.

피즈팬은 토끼 쪽을 한번 쓱 돌아보았지만 아랑곳하지 않고 계속 말을 이었다.

"우리 중에서 누가 빠른지를 결정하려면 속력을 측정해야 해. 속력은 자신이 달린 거리를 달리는 데 걸린 시간으로 나눈 값이야."

"거리와 시간은 어떻게 측정해?"

눈이 축 처진 거북이가 가방처럼 메고 있는 등딱지가 무거운지 한번 툭 추켜 올리며 물었다.

"어차피 연못을 돌 거니까 몇 바퀴 돌았는지 헤아리면 거리를 알 수 있어. 시간은 내 친구 맥가이봇이 측정해 줄 거야. 스톱워치 기능이 있거든."

피즈팬이 맥가이봇을 소개하자 맥가이봇의 얼굴에서는 눈이 사라지고 스톱워치 화면이 나타났다. 그리고 이마에는 스톱워치를 작동·정지시키는 버튼이 튀어나왔다.

"출발하는 순간 맥가이봇 이마에 있는, 단추 모양으로 생긴 버튼을 누르고, 더 이상 뛰지 않을 때 다시 한 번 누르면 돼. 하지만 처음 출발한 곳과 마지막에 도착해서 스

톱워치를 누르는 곳은 같은 곳이어야 해. 그리고 자신이 몇 바퀴를 돌았는지를 나중에 꼭 알려 주고."

"응, 알았어."

모두 피즈팬의 설명을 귀담아듣고 경기 준비를 마쳤다.

"그럼 내가 먼저 달릴게."

첫 번째 선수로 토끼가 나섰다. 토끼는 자신만만한 듯 씩씩하게 걸어 나왔다. 그리고 숨을 한번 고른 뒤 맥가이봇의 버튼을 잽싸게 누르고 후다닥 달리기 시작했다.

"잘 뛰는군! 하지만 나한테는 안 될 거야."

치타가 열심히 달리기하는 토끼를 보며 비웃었다.

토끼는 30바퀴를 돌고 나서 맥가이봇의 버튼을 눌렀다. 시간은 30분이 걸렸다.

"30분 동안 30바퀴를 돌았으니까, 토끼는 1분 동안 1바퀴를 돈 셈이야."

피즈팬은 땅바닥에 토끼의 기록을 썼다.

"왜 1분 동안을 따지는 거야?"

두 번째로 달리기를 할 거북이가 물었다.

"모두 같은 거리를 뛰진 않을 거니까 같은 시간 동안 누가 더 긴 거리를 갔는가를 비교해야 공평하거든."

그리고 곧 거북이의 달리기가 시작되었다. 거북이는 한 바퀴를 돌았고 시간은 2분이 걸렸다.

"거북이는 1분에 반 바퀴를 돈 셈이군. 그러니까 토끼가 거북이보다 빨라."

피즈팬의 말에 거북이의 처진 두 눈이 실망으로 가득

찼다. 반면 토끼는 신이 나서 제자리에서 깡총깡총 뛰었다.

다음은 알록달록 점박이 치타 차례. 치타는 자랑했던 대로 아주 빠르게 연못 한 바퀴를 돌아 들어왔다.

"내가 제일 빨랐을걸!"

치타는 자신만만한 표정으로 어깨를 으쓱해 보였다. 하지만 맥가이봇의 스톱워치 버튼을 다시 한 번 눌러야 한다는 것을 새까맣게 잊고 있었다. 스톱워치의 시간은 치타가 거들먹거리는 동안에도 계속 흘러갔다.

"앗! 스톱워치 누르는 걸 깜빡했네!"

그 사실을 뒤늦게 알아챈 치타가 서둘러 스톱워치를 눌렀다. 하지만 시간은 이미 4분이나 지난 후였다.

"치타는 4분 동안 1바퀴를 돌았으니까 1분 동안 4분의 1바퀴를 돌았어. 현재 꼴등이야."

"이건 불공평해. 나는 아주 빨리 달렸어. 다만 스톱워치를 늦게 눌러서 시간이 흐른 것뿐이라고!"

치타는 이런 법이 어디 있냐며 골을 냈다.

"우린 규칙대로 속력을 구하고 있어. 예외는 없어."

치타의 항의에 피즈팬이 단호하게 말했다. 치타는 더 이상 항의하지 못하고 구시렁거리며 제자리로 돌아갔다.

이제 마지막으로 피즈팬의 차례였다. 피즈팬은 오토보드를 타고 전속력으로 두 바퀴를 돌았다. 그리고 스톱워치를 눌렀다. 걸린 시간은 1분이었다.

"자, 1분에 2바퀴를 달렸으니까 내가 일등이야."

그 결과를 듣고 토끼와 거북이는 아쉬워하면서도 우승한 피즈팬을 진심으로 축하해 주었다. 하지만 치타만은 예외였다.

"내가 조금만 일찍 눌렀어도 일등 했을 텐데……."

치타는 입을 삐죽거리며 볼멘소리로 투덜댔다.

당신은 스테이지 1을 통과했습니다.
다음 아이템을 받을 수 있습니다.

골탕리아 여왕을 만날 수 있는 황금 구슬

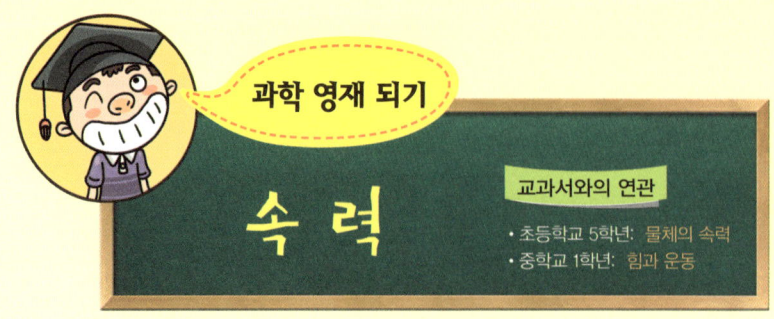

거리에 나가 보면 차들이 쌩쌩 달립니다. 워낙 익숙해져서 위험하다는 생각이 잘 들지 않겠지만 도로 위를 달리는 자동차는 속력이 꽤 높으므로 늘 안전에 주의해야 해요.

그런데, 자동차들은 얼마나 빨리 달릴까요?

시내에 다니는 차들은 보통 시속 60 km의 속력으로 달리도록 정해져 있답니다. 이게 얼마나 빠른 거냐고요? 궁금하죠? 자, 지금부터 속력에 대해 알아봅시다.

속력의 뜻

속력은 물체의 빠르기를 말해요. 속력을 알려면 먼저 이동 거리와 걸린 시간을 알아야 합니다.

속력은 물체가 이동하는 데 걸리는 일정한 시간을 초(s), 분(m), 시간(h)을 이용해서 나타내요. 그래서 물체가 1초 동안 움직인 거리는 '초속', 1분 동안 움직인 거리는 '분속', 1시간 동안 움직인 거리는 '시속'이라고 말해요.

속력은 다음과 같이 구할 수 있습니다.

속력 = 이동거리 ÷ 시간

따라서 **속력**은 이동 거리를 시간으로 나눈 값이랍니다.

그럼, 속력을 이용해서 다음 두 친구의 빠르기를 비교해 볼까요?

돌돌이는 100 m를 달리는 데 10초가 걸렸고, 두리두리는 200 m를 달리는 데 25초가 걸렸다고 해 봐요. 두 사람이 달린 거리가 다르죠? 이럴 때 두 사람의 빠르기를 비교하기 위해서는 같은 시간 동안 움직인 거리를 비교힙니다.

그래서 1초 동안 움직인 거리를 **속력**으로 정하는 거예요.

돌돌이가 1초 동안 간 거리를 □ m라고 하면

100 m : 10초 = □ m : 1초

이니까

$$\square = 100 \div 10 = 10$$

이 됩니다. 따라서 철수의 속력은 초속 10 m라고 할 수 있어요.

두리두리가 1초 동안 간 거리를 △ m라고 하면

$$200\,m : 25초 = \triangle\,m : 1초$$

이니까

$$\triangle = 200 \div 25 = 8$$

이 되어 두리두리의 속력은 초속 8 m가 됩니다. 그러므로 두리두리보다 돌돌이의 속력이 더 크답니다.

속력의 단위로는 미터/초(m/s), 미터/분(m/min), 킬로미터/시간(km/h) 등이 있습니다.

돌돌이와 두리두리의 경우, 1초 동안 몇 미터를 갔는지 구하는 거

> **Tip**
> **속력의 단위와 구하는 공식이 같다!**
>
> m/s, km/h 등 속력의 단위를 잘 살펴보면, 속력을 구하는 식과 그 모양이 같다는 걸 알 수 있다. 즉, 물체의 이동 거리는 m나 km이고, 시간은 s나 h이다.
>
> 속력 = 이동 거리(m 또는 km) ÷ 시간(s 또는 h)
>
> 그래서 단위가 m/s, km/h 등이 된다.

니까 초 단위를 써서 돌돌이의 속력은 10 m/s, 두리두리의 속력은 8 m/s로 적습니다. 읽을 때는 '초속 10미터', '초속 8미터'라고 읽어요.

이 외에도 속력의 단위는 배의 속력을 잴 때 사용하는 노트(knot), 비행기 등의 속력을 재는 마하(mach), 빛의 빠르기를 재는 광속 등이 있습니다.

평균 속력과 순간 속력

여러분은 100 m 달리기를 할 때 계속 같은 빠르기로 달리나요? 그렇지 않죠? 아마 어떤 때는 빠르게 달리고 어떤 때는 느리게 달릴 거예요.

자동차의 속력계는 순간 속력을 보여 줍니다. 단위는 km/h이며, 시간당 몇 킬로미터를 가는지 보여 준답니다.

이때, 중간 중간의 빠르기를 따지지 않고 전체 움직인 거리를 달리는 데 걸린 시간으로 나눈 것을 **평균 속력**이라고 합니다. 그리고 어떤 시각에서의 물체의 빠르기를 물체의 **순간 속력**이라고 하지요.

순간 속력은 100 m 달리기에서와 같이, 물체가 움직이는 동안 계속 달라지는 경우가 많습니다.

자동차를 살펴보면, 핸들 앞에 있는 계기판에 '속력계'라는 것이 있어요. 속력계의 바늘은 운전하는 동안 계속 움직이는데, 이 속력계가 나타내는 속력이 바로 자동차의 순간 속력입니다.

그럼, 다시 맨 앞으로 돌아가 볼까요?

이제 시내를 시속 60 km로 달리는 차들이 1시간 동안 60 km를 간다는 걸 알 수 있을 거예요.

단위가 커서 실감이 안 난다면, Quiz Quiz의 문제를 풀며 1초 동안 몇 m를 가는 것인지 한번 알아보기로 해요.

가장 빠른 스포츠 공은 무엇일까?

많은 운동경기에서 다양한 크기와 모양의 공이 사용됩니다.

이 중에서 가장 빠른 스포츠 공은 무엇일까요? 시속 300 km가 넘는 배드민턴의 셔틀콕이 가장 빠를까요? 하지만 셔틀콕은 공이 아니랍니다.

일반적으로 공은 작을수록 빠릅니다. 공이 클수록 공의 운동을 방해하는 공기의 저항을 많이 받아 속력이 작아지기 때문이지요.

여러 가지 공의 최고 속력을 한번 살펴볼까요?

축구공의 최고 속력은 시속 150 km로, 1997년 브라질의 카를로스 선수가 프랑스와의 경기에서 프리킥으로 찬 공이 골인되었을 때 이 기록이 세워졌습니다.

야구공의 최고 속력은 시속 170 km이며, 2011년 미국 메이저리그의 채프먼 투수가 던진 강속구를 스피드건을 이용해서 측정한 것입니다.

야구공보다 크기가 작고 가벼운 테니스공을 볼까요? 테니스공은 강서브로 유명한 미국의 앤디 로딕 선수가 2006년 기록한 시속 246 km가 현재 최고랍니다.

무엇보다 빠른 공은 역시, 가장 작은 골프공입니다. 골프공의 속력은 공을 멀리 날리기 위해 치는 '드라이버 스윙'을 할 때 가장 큽니다. 세계적인 프로 골퍼의 경우, 평균 속력이 시속 300 km를 넘는다고 하니 굉장하죠?

골프공
300km/h

테니스공
246km/h

야구공
170km/h

축구공
150km/h

기본 다지기

1. 물체가 8초 동안 40 m를 움직였다. 이 물체의 속력은 얼마일까?

   a) 2 m/s   b) 5 m/s   c) 8 m/s

2. 36 km/h를 m/s로 고치면 얼마일까?

   a) 5 m/s   b) 10 m/s   c) 3.6 m/s

   ✢ 힌트 : 1 km는 1000 m 이고, 1 h는 3600 s이다.

3. 200 m 거리를 두고 돌돌이와 두리두리가 마주 보고 서 있다. 둘은 서로를 향해 10 m/s의 속력으로 달리기 시작했고, 둘이 달리는 순간 돌돌이의 이마에 붙어 있던 파리가 두리두리를 향해 날아가 두리두리의 이마와 부딪치고, 다시 방향을 바꿔 돌돌이의 이마로 날아가며 계속 돌돌이와 두리두리 이마 사이를 왔다

갔다 했다. 파리가 20 m/s의 일정한 속력으로 날았다면, 돌돌이와 두리두리가 부딪힐 때까지 파리가 움직인 전체 거리는 얼마일까?

a) 50 m b) 100 m c) 200 m

서프라이즈 진실 혹은 거짓

1. 가지뿔영양과 치타가 1000 m 달리기 시합을 하면 치타가 항상 이긴다.

   ☐ 진실   ☐ 거짓

2. 2005년 12월 3일 미국 우주항공국의 존 스몰츠 박사는 빛보다 빨리 움직이는 타키온이라는 입자가 존재한다고 발표했다.

   ☐ 진실   ☐ 거짓

3. '속력이 빠르다.'라는 표현은 사실 틀린 표현이다.

   ☐ 진실   ☐ 거짓

> **알쏭달쏭 내 생각**

토끼와 거북이가 달리기 시합을 했다. 토끼는 아주 빠르게 깡충깡충 뛰어갔지만 거북이는 아주 느리게 엉금엉금 기어갔다. 뒤를 돌아보던 토끼는

"뭐야! 너무 차이가 나잖아?"

하며, 거북이가 올 때까지 나무 그늘 밑에 누워 편안히 쉬기로 했다.

드르렁 드르렁~

금세 잠들어 버린 토끼의 코 고는 소리가 숲 속에 울려 퍼졌다. 토끼가 잠든 사이, 거북이는 쉬지 않고 한 발 한 발 끈기 있게 앞으로 나아갔다.

거북이는 엉금엉금 기어 어느새 토끼가 자고 있는 나무 그늘을 지나쳤다. 그런 줄도 모르고 토끼는 여전히 코를 심하게 골며 잠에 빠져 있었다. 심지어 토끼는 침까지 흘려가며 나무 그늘 아래에 앉아서 시원한 딸기 주스

와 푸딩을 먹는 꿈까지 꿨다.

한참을 자던 토끼는 새가 푸드득 날아가는 소리에 놀라 벌떡 일어났다.

"도대체 내가 얼마나 잔 거야?"

토끼가 뒤를 돌아보았다. 하지만 거북이의 모습은 보이지 않았다. 혹시나 하는 마음에 도착 지점 쪽을 바라보았다.

"아니, 이럴 수가!"

거북이가 막 도착 지점을 지나고 있었다.

결승점을 향해 토끼가 뒤늦게 헐레벌떡 뛰어왔을 때, 나무그늘 아래 앉아 쉬고 있던 거북이가 말했다.

"이제 오냐?"

토끼는 자기보다 훨씬 느린 거북이에게 진 것이 분했다. 하지만 낮잠 잔 것을 후회해도 소용없었다.

결국, 토끼와 거북이의 달리기 시합은 이렇게 거북이의 승리로 끝이 났다.

이야기 속 토끼와 거북이 중에서 누구의 평균 속력이 더 클까?

☐ 토끼   ☐ 거북이

기본 다지기

1. b) 40÷8 = 5이므로 속력은 5 m/s이다.

2. b) 1 km = 1000 m이고 1 h = 3600 s이므로

    $36 \,(km/h) = \dfrac{36 \times 1000}{3600} \,(m/s) = 10 \,(m/s)$

3. c) 돌돌이와 두리두리는 10 m/s의 속력으로 각각 100 m를 달리므로 두 사람이 부딪히는 데 걸리는 시간은 10초. 파리는 10초 동안 20 m/s의 속력으로 날았으므로, 파리가 움직인 거리는 200 m다.

서프라이즈 진실 혹은 거짓

1. 거짓

    치타는 네 발 달린 동물 중 가장 빠른 동물로 시속 112 km의 속력으로 달릴 수 있다. 하지만 먹이를 쫓는 정도의 짧은 거리에서만 가장 빠를 뿐 그보다 긴 거리에서는 빨리 달리지 못한다. 가지뿔영양은 최고 시속 95 km까지 달릴 수 있고, 장거리에서도 빠른 속력을 낼 수 있어서 1000 m 경기에서는 가지뿔영양이 치타를 이긴다.

2. 거짓

빛의 속력은 30만 km/s로, 1초 동안 지구 일곱 바퀴 반을 돌 수 있는 속력이며, 아직까지 빛보다 빨리 움직이는 물체는 발견된 적이 없다. 타키온은 빛보다 빠른 입자가 있을지도 모른다는 생각에서 미리 이름을 붙인 것으로, 실제로 있는 입자는 아니다.

3. 진실

우리는 흔히 자동차의 속력이 빠르다고 표현한다. 하지만 정확히 말해서 옳은 표현이 아니다. '자동차는 빠르다.' 또는 '자동차의 속력은 높다.'라고 하는 것이 옳은 표현이다.

알쏭달쏭 내 생각

답 거북이

달리기 시합은 정해진 거리를 누가 먼저 골인하는가를 따지는 경기다. 토끼와 거북이는 같은 거리를 뛰므로 걸린 시간이 작을수록 평균 속력이 커진다. 이 경주에서는 거북이가 이겼으므로 거북이의 평균 속력이 더 크다.

스테이지 2

골탕리아 여왕
상대 속도 이야기

달리는 차 안에서 보면 가로수가 뒤로 가는 것처럼 보인다. **상대 속도**에 대해 알아보자.

로테이션 스피드 게임에서 일등을 한 피즈팬은 고양이 캐트피로부터 황금빛 구슬을 받았다. 그것은 여왕을 만날 수 있는 아이템이었다.

"이제 어디로 가야 하지?"

피즈팬은 무표정한 얼굴로 서 있는 캐트피의 수염을 살짝 당기며 물었다.

"넌 지금 내가 세상에서 제일 싫어하는 행동을 했어."

캐트피는 피즈팬을 째려보았다. 째려볼 때도 역시, 눈을 제외한 모든 곳은 무표정했다.

"그게 뭔데?"

"수염 만지는 거. 난 수염 만지는 사람이 제일 싫어."

"난 그냥 친근감의 표시로 한 것뿐인데?"

피즈팬은 장난스럽게 웃으며 다시 한 번 캐트피의 수염을 살짝 잡아당겼다.

"도저히 참을 수 없군!"

캐트피는 순식간에 피즈팬의 어깨 위로 뛰어올라, 목덜미를 간질이기 시작했다.

"으흐흐흐……, 항…… 복! 내가 잘못했어!"

피즈팬은 견디다 못해 비명을 지르며 나자빠졌다.

"좋아, 이번만 용서해 주지. 조용히 나를 따라와. 캐트피가 여왕을 만날 수 있는 길을 알려 줄 거니까. 하지만 명심할 게 있어."

캐트피는 손을 탈탈 털며 의미심장한 눈빛으로 피즈팬을 보았다.

"그게 뭐지?"

"여왕은 온 얼굴에 덕지덕지 심술과 장난이 붙어 있고, 뚱뚱보에다 장난꾸러기야. 그리고 게임을 즐기지. 여왕에게 집에 가는 길을 물어보려면 여왕과의 게임에서 이겨야 해."

"무슨 게임?"

"그건 여왕님만 아셔. 그만 물어보고 날 따라오시지."

"아, 알았어."

캐트피는 피즈팬을 데리고 나무가 우거진 숲 속으로 들어갔다. 피즈팬은 심술과 장난기가 많은 여왕은 어떻게 생겼을까 상상하며, 고양이 캐트피를 따라 숲길을 걸었다. 한참 후, 숲이 끝나고 시야가 확 트이자 도로가 나타났다.

"엄청 큰 고속도로다······."

피즈팬은 말 끝을 흐리며 숨을 꼴깍 삼켰다. 자동차 10대 정도가 나란히 달릴 수 있을 만큼, 넓게 쭉 뻗은 도로가 눈앞에 있었다.

"이 도로는 우리 스피더스 제국에서 가장 긴 일직선 도로야."

캐트피가 도로 쪽으로 손을 뻗으며 자랑스럽게 설명했다. 정말로 끝이 보이지 않을 정도로 긴 도로였다. 평지에 길게 나 있는 도로는 원근감 때문에 뒤로 멀어질수록 점점 좁아 보였다.

"그런데 왜 차가 한 대도 없어?"

도로를 훑어보던 피즈팬은 이상한 생각이 들었다. 그러

고 보니 처음 볼 때부터 도로에는 개미 한 마리 없이 텅 비어 있었다.

"지금은 모두 일하는 시간이야. 스피더스 제국 사람들은 일하는 시간에는 차를 탈 수 없어."

"쳇, 자기들 보고 사람이래."

맥가이봇은 캐트피를 슬쩍 흘겨보며 빈정댔다. 하지만 캐트피는 대꾸하지 않고 피즈팬에게 말했다.

"내가 도울 수 있는 건 여기까지야. 이 도로를 타고 똑바로 가면 여왕의 집에 도착할 거야."

"여왕은 성에 사는 거 아니야?"

"성이나 집이나 그게 그거잖아. 너희들은 따지는 게 취미인가 보군!"

캐트피는 무표정한 얼굴로 톡 쏘아 말하고는 어디론가 사라져 버렸다.

"이제 아이템도 있고 여왕을 만나 집에 가는 길만 물어보면 되겠다. 맥가이봇, 어서 가자!"

피즈팬과 맥가이봇은 오토보드를 타고 일직선 도로를 시

원하게 달렸다. 피즈팬은 오토보드를 시속 100킬로미터의 일정한 속력으로 자동 주행하도록 설정했다. 오토보드가 일정한 속력으로 달리기 때문에 둘의 몸은 정지해 있는 것처럼 조금도 흔들리지 않았다.

"정말 지루한 도로야."

피즈팬은 변화가 없는 도로 주변의 밋밋한 경치를 보며 하품을 했다.

그때였다. 옆 차선에서 차가 오는 소리가 들렸다.

"피즈팬, 차가 오고 있어."

맥가이봇이 피즈팬의 어깨를 치며 말했다.

"듣던 중 반가운 소리군! 심심한데 저 차랑 속력 대결이나 해 볼까?"

피즈팬은 오토보드의 속력을 시속 120킬로미터로 높였다. 하지만 옆 차도 속력을 내는지 점점 더 가까이 오토보드를 따라붙었다.

이윽고 옆 차가 오토보드와 나란히 달리자, 차는 마치 정지해 있는 것처럼 보였다.

"뜨아!"

무심코 옆 차를 보던 피즈팬은 놀라운 광경에 깜짝 놀라고 말았다. 옆 차는 뚜껑이 없는 리무진처럼 기다란 승용차였는데, 운전사 없이 자동으로 움직이고 있었다. 더욱더 놀라운 것은 차 뒤편에 조그만 수영장이 있고, 그 안에 비키니를 입은 아리따운 여자가 물 밖으로 머리만 내민 채 앉아 있는 것이었다.

"어떻게 차에서 수영을 하지?"

맥가이봇도 옆 차의 광경을 신기하게 보았다.

"차가 일정한 속력으로 달리면 충분히 가능한 일이야. 일정한 속력으로 움직이는 곳은 정지해 있는 곳과 물리 현상이 똑같이 벌어지거든. 그러니까 충분히 수영도 할 수 있는 거야. 하지만 내가 놀란 건, 저렇게 아름다운 여자는 세상에 태어나서 처음 본다는 거야."

피즈팬은 입을 다물지 못하고, 여자만 뚫어져라 쳐다보았다.

"쳇! 자기가 얼마나 오래 살았다고……."

맥가이봇은 아직 이성에 대한 감정을 가지고 있지 않아서 피즈팬의 반응을 이해할 수 없었다.

여자가 탄 차와 피즈팬의 오토보드는 일정한 속력을 유지하며 나란히 달렸다.

삐이 삐이-!

잘 달리던 차에서 이상한 소리가 들려왔다.

"무슨 소리지?"

피즈팬은 운전석 쪽을 보았다. 여자가 하얗게 질린 얼굴로 소리쳤다.

"살려 주세요. 자동 운전 장치가 고장 났어요. 저는 수동 운전은 할 줄 몰라요."

삐이 삐이 – !

자동차는 계속 고장을 알리는 경보음을 울려 댔다.

"오토보드를 좀더 차 쪽으로 붙여야겠어."

피즈팬이 다급하게 소리쳤다.

"어떻게 하려고?"

맥가이봇은 걱정이 되어 물었다.

"옆 차로 건너가 보려고."

"피즈팬, 농담하는 거지? 지금 오토보드의 속력이 얼마인 줄 알아?"

맥가이봇은 말도 안 된다는 듯이 고개를 좌우로 흔들었다.

"시속 120킬로미터잖아."

"그런데 옆 차에 올라탄다고?"

"상대 속도를 이용하면 돼. 오토보드와 차가 나란히 같은 속력으로 달리면, 옆 차는 정지해 있는 걸로 느껴지거든.

 그러니까 두 차가 서 있을 때처럼 충분히 건너갈 수 있어."
 피즈팬은 신중하게 속력을 점검하고 심호흡을 한 후 옆 차로 폴짝 뛰어올랐다. 하지만 너무 세게 뛰어오르는 바람에 그만 수영장으로 '풍덩' 하고 빠져 버렸다.
 피즈팬은 수영장 밖으로 나가기 위해 일어서다가 또 다시 물속으로 미끄러졌다.
 "으하하~ 수영도 못하는 애송이군."

어느새 수영장 밖으로 나가 있던 여자가 소리쳤다. 피즈팬은 아름다운 여자의 입에서 거친 말이 쏟아져 나오자 할 말을 잃고 말았다.

"차는 어떻게 된 거죠?"

피즈팬은 물 밖으로 나가려고 애쓰면서 여자에게 물었다. 다행히 자동차의 경보음은 더 이상 들리지 않았다.

"보시다시피 차는 아무 이상 없어!"

"그럼, 그 경보음은……"

"그건 내가 심심할 때 울리는 경적이야. 까르륵~!"

어디서 났는지 여자는 두 손에 전선을 들고 있었다. 피즈팬은 뭔가 갈수록 일이 꼬여가는 기분에 가슴이 답답해져 왔다.

"도대체, 당신은 누구죠?"

"흐흐흐~, 내가 바로 네가 찾던 스피더스 제국의 골탕리아 여왕이다!"

골탕리아 여왕은 음흉한 웃음소리를 흘리며 피즈팬을 쳐다보았다. 그러더니 전선 두 개를 수영장 물속에 담갔다.

"꺄악! 칵~!"

갑자기 피즈팬이 비명을 질렀다. 물을 통해 흐르는 전류 때문에 피즈팬의 온몸에 찌리릿 전기가 왔던 것이다.

"뭐하는 거예요. 여왕님……! 여왕님이 이런 위험한 행동을 하다니……."

피즈팬은 비명을 지르며 여왕을 향해 소리쳤다.

"재미있잖아. 네가 다칠 만큼 강한 전류는 아니니까 너무 걱정할 필요는 없어. 난 그저 과학의 재미를 즐기는 것뿐이라고."

골탕리아 여왕은 피즈팬의 고통을 아는지 모르는지 키득키득 웃으며 말했다.

간신히 물 밖으로 나온 피즈팬은 몸서리치며 다시 오토보드로 건너 갔고, 여왕을 태운 차는 속력을 높여 오토보드를 앞서 나갔다. 잠시 후 여왕의 차는 피즈팬의 시야에서 아예 사라져 버렸다.

당신은 스테이지 2를 겨우 통과했습니다.

아이템을 받을 수 없습니다.

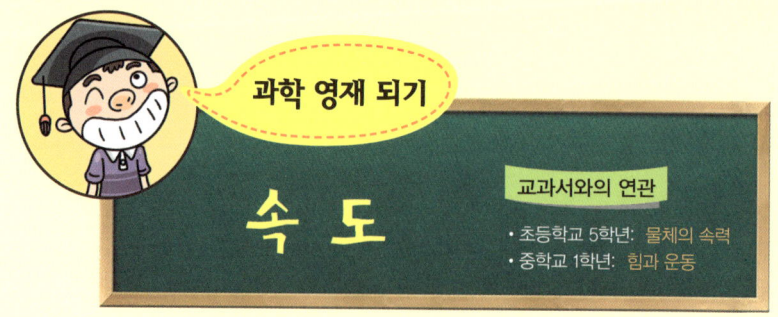

우리는 평소 빠르기를 말할 때 속력과 속도를 구분하지 않고 써요. 하지만 이 둘 사이에는 차이가 있답니다.

이번에는 속도에 대해 자세히 알아볼게요.

속도의 뜻

속력은 물체가 움직이는 방향을 따지지 않고 빠르기만을 나타내지만 **속도**는 물체의 빠르기와 이동 방향을 함께 나타내는 양입니다.

영희와 철수가 서로 등을 맞대고 서 있다고 해 봐요. 두 사람은 3초 동안 각자 앞으로 12 m씩을 걸어갔어요.

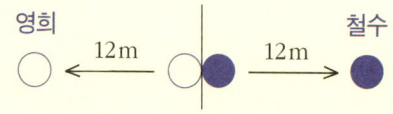

영희와 철수의 속력을 구해 보면 다음과 같습니다.

영희 $12 \div 3 = 4\,(\text{m/s})$
철수 $12 \div 3 = 4\,(\text{m/s})$

속력이 같지요? 하지만 그림과 같이 두 사람의 이동 방향은 서로 반대예요. 이때 오른쪽으로 움직인 철수의 속도는 +4 m/s라고 쓰고, 왼쪽으로 움직인 영희의 속도는 –4 m/s라고 씁니다.

Tip

정수

0보다 작은 수를 **음수**라고 하고 수 앞에 '–'를 붙인다. 예를 들면 0보다 1 작은 수는 –1이고, –1보다 1 작은 수는 –2이다.

만약 어떤 기준점을 0 이라고 할 때, 기준점에서 오른쪽으로 3m 떨어져 있는 곳은 +3m라고 쓰고, 왼쪽으로 3m 떨어져 있는 곳은 –3m로 쓴다.

양수는 수 앞에 '+'가 붙은 수를 말하는데, 이때 부호는 생략할 수 있다. 그러므로 +3m/s와 3m/s는 같은 뜻이다.

상대 속도

이번에는 상대 속도에 대해 알아보겠습니다.

차를 타고 가면서 창밖을 보면, 가로수의 나무가 마치 뒤로 가는 것처럼 보입니다. 이것은 관찰자인 내가 움직이기 때문이에요.

이렇게 움직이는 관찰자가 보는 물체의 속도를 **상대 속도**

라고 합니다. 그러니까 다음과 같이 쓸 수 있어요.

(물체의 상대 속도) =
(물체의 진짜 속도) - (관찰자의 속도)

즉, 상대 속도는 물체가 움직이는 속도에서 관찰자의 속도를 빼서 구합니다.

예를 들어, 철수가 타고 있는 차의 속도를 초속 20 m라고 합시다. 길가의 나무는 정지해 있으므로 나무의 진짜 속도는 0입니다. 그리고 관찰자는 철수이므로 관찰자의 속도는 초속 20 m이지요.

그러므로 나무의 상대 속도는

$$0 - 20 = -20 \, (\text{m/s})$$

가 됩니다. 음수가 나왔죠? 이것은 차의 방향과 반대방향이라는 걸 뜻합니다. 그래서 철수가 차를 타고 가면서 나무를 보면, 마치 나무가 차와 반대방향으로 초속 20 m의 속도로 움직이는 것처럼 보인답니다.

속도의 덧셈

움직이면서 물체를 던지면 어떻게 될까요? 물론 멈춘 상태에서 물체를 던졌을 때보다 물체의 속력이 커지게 돼요.

예를 들어 철수가 멈춰 서서 공을 던질 때 공의 속도가 초속 20 m라고 해 봐요. 이때 철수가 초속 10 m로 달리면서 공을 던지면 공의 속도는

$$20 + 10 = 30 \, (m/s)$$

가 됩니다.

반대로, 뒷걸음질 치면서 공을 앞으로 던지면 공은 느려져요. 예를 들어 철수가 뒤로 초속 10 m의 속력으로 가면서 공을 던지면, 공의 속도는

$$20 + (-10) = 10 \, (m/s)$$

가 되어 제자리에서 던졌을 때보다 속도가 작아집니다.

이렇게 움직이면서 던진 물체의 속도는 움직이는 사람의 속도와 정지한 상태에서 던진 물체의 속도가 더해지는데, 이것을 **속도 덧셈 법칙**이라고 합니다.

생활 과학 카페

달리는 버스에 올라탄다고?

빠른 속도로 달리는 버스에 올라타는 것은 매우 위험합니다. 그러나 영화에서는 종종 그런 장면을 볼 수 있어요.

1994년 개봉된 〈스피드〉라는 영화가 있습니다.

어느 날 퇴역 경찰이자 폭탄전문가인 하워드 페인이 많은 돈을 요구하며 인질극을 벌입니다. 하지만 경찰특수반 잭과 해리의 활약으로 실패하고 말아요. 화가 난 페인은 시속 50마일 이하로 달리면 자동으로 폭발하도록 설계된 폭탄을 시내버스에 장치해 놓고 잭에게 연락합니다.

버스의 속도를 줄일 수도, 멈출 수도 없는 상황!

잭은 어렵사리 버스에 올라타지만 다른 범죄자에 의해 운전사가 다치고 버스의 연료마저 떨어져 가요. 이런 위급한 상황에서도 잭은 마침내 승객들을 무사히 구해냅니다.

어떻게 잭은 빠른 속도로 달리는 버스에 올라탔을까요?

그것은 바로, 잭이 버스와 같은 속도로 달렸기 때문입니다. 이때 잭을 기준으로 버스의 상대 속도는 0입니다. 잭은 물체의 상대속도가 0일 때, 움직이는 관찰자에게는 물체가 정지해 있는 것으로 보이는 성질을 이용한 거랍니다.

> 기본 다지기

1. 3초 동안 오른쪽으로 3 m를 갔다가 다음 3초 동안 왼쪽으로 3 m를 움직여 제자리로 왔다. 6초 동안의 속도는 얼마일까?

   a) 0   b) 1 m/s   c) 3 m/s

2. 영희는 15 m/s로 달리는 차에 타고 있다. 옆 차선에 같은 방향, 같은 속력으로 달리는 차가 있다. 영희가 볼 때, 옆 차의 상대 속도는 얼마일까?

   a) 0   b) 15 m/s   c) −15 m/s

3. 버스가 20 m/s의 속도로 달리고 있다. 버스 안에 있던 철수가 4 m/s의 속도로 버스가 가는 방향으로 걸어갔다. 버스 밖에 있는 영희가 보면 철수의 속도는 얼마일까?

   a) 16 m/s   b) 20 m/s   c) 24 m/s

> 서프라이즈 **진실 혹은 거짓**

1. 프랑스의 내맘대롱 박사는 땅 위에 있는 사람이 관찰할 때, 이 세상에서 제일 빠른 여자는 스튜어디스라고 주장해 파문을 일으켰다. 내맘대롱 박사의 주장은 과연 진실일까?

   ☐ 진실   ☐ 거짓

2. 시속 25 km로 움직이는 자동 보행 도로가 미국 시카고에 정말 있었다.

   ☐ 진실   ☐ 거짓

3. 날아가는 총알을 손으로 잡은 프랑스 사람이 있다.

   ☐ 진실   ☐ 거짓

> 알쏭달쏭 **내 생각**

지방 박물관에서 일하는 아프로 씨는 이번에 우리나라에 하나밖에 없는 귀중한 금불상을 서울까지 옮기는 임무를 맡았다.

이용하기로 한 교통편은 기차.

혹시나 잃어버리기라도 할까 봐, 아프로 씨는 기차를 탄 이후

자리를 떠나지 않고 금불상을 애지중지 돌보았다.

그런데 조용하던 기차 안이 갑자기 소란스러워졌다.

"불이야!"

달리는 기차에 불이 난 것이었다. 놀란 승객들이 비명을 지르고 우왕좌왕하면서 기차 안은 한순간에 아수라장이 되었다.

아프로 씨는 불을 피해 금불상을 안고 맨 끝 차량을 향해 달려갔다. 하지만 불은 빠르게 아프로 씨가 있는 곳까지 번져 오고 있었다.

아프로 씨는 자신은 불에 타 죽더라도 나라의 보물만은 지켜야겠다고 결심했다. 기차의 난간 가까이 다가간 아프로 씨가 금불상을 기차 밖으로 던지려고 힘껏 들어 올렸다.

아프로 씨가 금불상을 깨뜨리지 않으려면 어느 쪽으로 던져야 할까?

☐ 기차가 가는 방향 ☐ 기차가 가는 반대 방향

기본 다지기

1. a) 제자리로 돌아왔으므로 위치의 변화가 없다. 이렇게 위치가 달라지지 않은 경우, 속도는 0이다.

2. a) 같은 방향과 같은 속력으로 달리므로, 상대 속도는 0이다.

3. c) 20+4 = 24이므로, 답은 24 m/s이다.

서프라이즈 진실 혹은 거짓

1. 진실

    스튜어디스는 시속 1000 km 정도로 날아가는 비행기 안에서 움직인다. 이때 스튜어디스가 걷는 속도를 시속 4 km라고 하고 비행기가 나는 방향으로 걷고 있다고 하면, 땅 위의 관찰자가 볼 때 스튜어디스의 속도는 속도 덧셈의 규칙에 의해서 시속 1004 km 정도가 된다. 이것은 땅 위에서 제아무리 빨리 뛰어도 낼 수 없는 속도다.

2. 진실

    시속 25 km로 움직이는 자동 보행 도로에는 사람이 바로 올라탈 수 없지만, 1983년 미국의 시카고 과학 박람회에서는 사람이 상대 속도를 이용해 올라탈 수 있는 도로가 선을 보였다. 이 도로는 서로 다른 속도로 움직이는 다섯 개의 도로로 이루어져 있었는데, 맨 바깥쪽에는 시속 5 km로 움직이는 도로가 있고, 그 안쪽에는 시속 10 km, 그 안쪽에는 시속 15 km, 그 안쪽에는 시속 20 km, 그리고 가장 안쪽에는 시속 25 km로 움직이는 도로가 있었다. 사람들은 제일 바깥부터 안쪽까지 시속 5 km씩 차이 나는(상대 속도) 다섯 개의 도로를 차례대로 갈아타면서 가장 안쪽에 있는 시속 25 km의 자동 보행 도로에 올라탈 수 있었다.

3. 진실
제2차 세계대전 때의 일이다. 프랑스의 한 비행사가 2000 m 높이에서 비행을 하고 있는데, 얼굴 근처로 작은 물체 하나가 느리게 날아와, 그것을 손으로 잡았다고 한다. 그런데 그 물체는 알고 보니 독일군이 쏜 총알이었고, 이 일은 당시 화제가 되어 신문에 실렸다. 이것은 공기저항으로 속도가 줄어든 총알과 비행기가 비슷한 속도로 날고 있었기 때문에(즉, 두 물체의 상대 속도가 0에 가까웠기 때문에) 일어날 수 있었던 일이었다.

알쏭달쏭 내 생각

답 기차가 가는 방향과 반대 방향이다.
속도 덧셈의 규칙에 따라 기차가 가는 반대 방향으로 던지면, 기차 밖 관찰자가 볼 때 금불상의 속도가 줄어들어 땅에 떨어질 때 적은 충격을 받을 수 있기 때문이다.

스테이지 3

달걀 룰렛 게임
관성 이야기

외부에서 힘이 작용하지 않으면 정지해 있던 물체는 정지해 있으려고 하고, 어떤 속도로 움직이고 있던 물체는 그 속도로 계속 움직이려고 하는데, 물체의 이러한 성질을 관성이라고 한다.

골탕리아 여왕의 장난 때문에 기운이 쑥 빠진 피즈팬은 잠시 쉬기 위해 오토보드를 자동 주행으로 설정했다.

피즈팬은 맥가이봇과 함께 편안히 주위의 경치를 구경했다. 좀 전까지만 해도 지루하게 느껴졌던 스피더스 제국의 일직선 도로는 휴식을 취하기에는 그만이었다.

"도로가 직선으로 쭉 뻗어 있으니까 균형을 안 잡아도 되고, 정말 편한데."

"맞아, 피즈팬. 오토보드까지 일정한 속도로 달리니까 꼭 멈춰 서 있는 것 같아."

쭉 뻗은 도로를 한참 달린 후 오토보드는 울창한 숲이 있는 곳에 이르렀다. 마침 졸음이 몰려오던 피즈팬은 잠도 깰 겸 오토보드에서 내려 숲길로 들어섰다. 숲길은 좁았지만, 많은 사람들이 이용하는지 잘 다져져 있었다.

피즈팬은 부지런히 발길을 옮겼다. 그러다 앞쪽 길 위에 알 수 없는 물체 두 개가 놓여 있는 것을 발견했다. 두 물체는 앞뒤로 멀찌감치 놓여 있었다.

"저게 뭐지?"

피즈팬은 걸음을 재촉해 첫 번째 물체가 있는 곳으로 가 보았다. 쓰레기가 가득 든 봉투 몇 개가 동그란 판 위에 쌓여 있었다.

"에구, 냄새! 누가 길 한복판에 쓰레기를 쌓아 놨어!"

피즈팬은 코를 막고 돌아섰다. 그 모습을 보고 맥가이봇이 키득거렸다.

"크크, 이럴 땐 후각이 없는 로봇이 좋네!"

피즈팬은 얄미운 눈으로 맥가이봇을 쏘아보았다.

"좋아. 다음번에는 너도 냄새를 맡을 수 있도록 기능을 업데이트시켜 주겠어. 그 코에 내 지독한 방귀를 마구 뀌어 줄 테니 기대해, 흥!"

피즈팬은 곧장 자리를 떠났다. 두 번째 물체가 피즈팬을 기다리고 있었다.

"우와, 이게 웬 횡재야!"

놀랍게도 그것은 먹음직스럽게 생긴 통닭이었다.

피즈팬은 얼른 달려가 통닭이 놓인 원판 위에 주저앉아 닭다리를 뜯었다. 맥가이봇도 피즈팬을 따라 닭다리 하나를 주워 들었다. 피즈팬은 맥가이봇 손에 있던 닭다리를 잽싸게 빼앗았다.

"이건 인간의 음식이야!"

"쳇, 나도 인간형 로봇이라고!"

닭다리를 빼앗긴 맥가이봇은 아랫입술을 부풀리며 퉁퉁거렸다. 하지만 피즈팬은 아랑곳하지 않고 혼자서 닭 한 마리를 뚝딱 해치웠다.

"음…… 이 포만감. 기분 좋게 먹었으니 조금만 눈을 붙여 볼까?"

배를 퉁퉁 두드리며 피즈팬은 그 자리에 드러누웠다. 그리고 이내 코를 '드르렁 드르렁' 골며 잠이 들었다.

"쳇, 잘한다. 지금 우리가 이럴 때야? 빨리 집에 갈 생각은 안 하고."

맥가이봇은 툴툴거리며 자리에서 일어났다. 그러나 몇 발자국 못 가서 다시 돌아와야 했다. 피즈팬의 비명 소리가 등 뒤에서 들려왔기 때문이다.

"으악!"

 달려가 보니 원판이 있던 자리에 구덩이가 있었고, 그 안에 피즈팬이 빠져 있었다.
 이것은 골탕리아 여왕이 한 장난이었다. 통닭을 둔 원판 아래에 구덩이를 파 놓고, 원판 한쪽 끝에 눈에 잘 안 띄는 낚싯줄을 연결해서, 피즈팬이 혼자 원판 위에 있을 때 부하를 시켜 줄을 잡아당기게 한 것이다.
 "피즈팬, 어떻게 된 거야. 다치진 않았어?"

맥가이봇이 구덩이 아래쪽을 향해 소리쳤다.

"다치지는 않았어. 그저 관성에 당한 것 같아."

정말 다친 곳이 없는 듯 피즈팬은 가뿐하게 일어났다.

"관성? 그게 뭔데?"

"사람이든 물체든 원래 자리에 그대로 있고 싶어하는 고집이 있어. 그걸 관성이라고 해. 원판이 사라져도 내 몸은 그 자리에 있고 싶어하는 관성이 있는데, 원판이 없으니까 바닥으로 떨어진 거야."

피즈팬은 옷에 묻은 흙먼지를 탁탁 털어 냈다. 좁은 구덩이 안은 피즈팬이 털어 낸 흙먼지로 금세 뿌예졌다. 피즈팬은 먼지 때문에 콜록콜록 기침을 해 댔다.

"맥가이봇! 보고만 있지 말고 날 좀 꺼내 줘. 이러다가 숨막혀 죽겠다."

맥가이봇은 팔 안에 장착되어 있는 줄을 얼른 풀어 구덩이 아래로 내렸다. 피즈팬은 그 줄을 단단히 몸에 묶고 손으로 오케이 신호를 보냈다.

맥가이봇은 강력한 힘으로 줄을 잡아당겼다. 하지만 너

　무 빠르고 강하게 감아올리는 바람에, 피즈팬은 순식간에 구덩이 밖으로 튕겨 나와 구덩이 근처의 큰 나뭇가지에 걸리는 신세가 되고 말았다. 이날, 모든 일이 피즈팬에게는 고난의 연속이었다.

　피즈팬과 맥가이봇은 잠시 숨을 돌린 후 다시 길을 떠났다. 스피더스 제국의 숲은 직선도로와 마찬가지로 아무리 걸어도 항상 같은 모습이었다.

"이 나라는 숲도 정말 지루해."

피즈팬은 목을 긁적이며 하품을 했다.

"지루하다는 게 똑같다는 거야?"

"대충 비슷해."

그때였다. 피즈팬의 귀에 사람들의 말소리가 들려왔다.

"그게 아니라고요."

"어디서 많이 듣던 목소린데……."

피즈팬은 귀를 쫑긋 세워 소리가 나는 곳을 찾았다. 맥가이봇은 자신에게 저장되어 있는 음성 데이터와 들려오는 음성을 비교 분석하여 목소리의 주인을 찾았다.

"골탕리아 여왕의 목소리야!"

"맞아."

피즈팬과 맥가이봇은 소리가 나는 곳으로 살금살금 다가갔다.

숲 속 조그만 테이블 앞에 여왕과 중절모를 쓴 신사가 이야기를 나누며 앉아 있었다. 여왕은 피즈팬을 발견하고는

태연하게 씽긋 윙크를 하며 웃었다.

"통닭은 맛있었니?"

"맛있긴 했는데, 뒤끝이 안 좋았죠, 뭐……."

피즈팬은 입을 뾰로통하게 내밀며 대답했다.

"이리 와서 앉아. 이분은 우리나라에서 제일 유명한 대학의 물리학과 교수인 물렁 박사야."

'물렁 박사? 몸이 고무 튜브처럼 물렁한가?'

피즈팬은 박사의 이름이 웃기다는 생각이 들었다.

"여왕님, 그만 장난치시고 저희를 집으로 돌려보내 주세요, 네?"

피즈팬은 불쌍한 표정으로 애원했다.

"이번 게임에서 이기면!"

하지만 여왕은 여전히 장난기 가득한 말투로 피즈팬에게 게임을 제안했다.

"무슨 게임인데요?"

"간단한 게임이야."

여왕은 손바닥만 한 주머니를 꺼내 그 안에 든 동전을 탁자 위에 쏟아부었다. 그리고 동전으로 탑을 쌓고 그 옆에 동전 하나를 더 놔두었다.

"이 동전탑은 20층이야. 옆에 있는 동전을 이용해서 이 탑 1층에 있는 동전을 빼내면 돼. 단, 다른 동전이 바닥에 떨어져서는 안 돼."

피즈팬은 동전탑을 뚫어져라 쳐다보았다. 처음 해 보는

게임이었기 때문에 무엇을 어떻게 해야 하나 머릿속이 복잡했다.

피즈팬은 동전 하나를 집어 동전탑 1층에 나란히 붙여 놓고 조심스럽게 밀어 보았다. 동전은 조금씩 들어가나 싶더니, 동전탑이 흔들리기 시작했고, 순식간에 와르르 무너져 버렸다.

"으하하하! 우리가 이겼다. 물렁 교수, 어서 정답을 보여 주세요."

여왕은 신이 나서 큰 소리로 말했다.

"간단한 걸 모르고 있군!"

물렁 교수는 덥수룩하게 난 턱수염을 천천히 쓰다듬으며 미소를 지었다.

"뭘 모른다는 거죠?"

자존심이 상한 피즈팬이 되물었다.

"좋아! 그렇다면 시범을 보여 주지."

물렁 교수는 자신만만한 표정으로 무너진 동전탑을 다시 세우고, 동전 하나를 동전탑에서 5센티미터쯤 떨어진 곳에

놓았다.

  그리고 동전탑을 향해 알까기를 하듯 손가락으로 힘차게 동전을 튕겼다.

  그러자 놀라운 일이 벌어졌다. 동전탑 1층에 있던 동전이 튕겨 나가고, 물렁 교수가 때린 동전이 동전탑 1층이 되어 버린 것이다.

"아, 관성!"

피즈팬은 그제야 원리를 알아채고 크게 아쉬워했다.

"그래, 바로 관성이야. 물체가 원래의 위치에 있고 싶어 하는 성질 때문에 2층부터 20층까지에 있는 동전 19개가 제자리에 있고 1층에 있던 동전만 튀어 나가게 된 거지."

물렁 교수의 설명을 들으며 피즈팬은 알고 있는 문제를 놓친 것이 못내 아쉬웠다.

꼬르륵~.

조용한 분위기를 깨고 여왕의 배 속에서 소리가 났다.

"어머머, 이런 실수를! 호호호."

여왕은 부끄러워하는 기색도 없이 아무렇지 않게 웃어 넘겼다.

"으이그, 여자 맞아?"

피즈팬은 여왕 몰래 고개를 절레절레 흔들며 혼자 중얼거렸다.

"내가 촬영한 사진과 데이터를 비교하면 분명 여왕은 여자가 틀림없어! 킥킥."

로봇 맥가이봇도 목소리를 낮춰 여왕을 흉봤다.

"좋아. 배도 고프니 빨리 두 번째 게임을 진행하지. 이번 게임을 이기면 집으로 가는 길을 가르쳐 줄게."

"정말이죠?"

피즈팬은 여왕의 말에 금세 표정이 환해졌다.

여왕은 뒤쪽을 향해 가볍게 박수를 두 번 쳤다. 그러자 하녀로 보이는 여자가 접시를 들고 나왔다. 접시에는 달걀 세 개가 있었다.

배가 고팠던 피즈팬은 달걀을 향해 손을 뻗었다.

"잠깐!"

여왕은 피즈팬의 손등을 '탁' 때리며 고개를 가볍게 가로 저었다.

"피즈팬, 너 러시안 룰렛이란 게임 아니?"

피즈팬은 좋다 만 표정으로 손등을 비비며 대답했다.

"알죠······. 여섯 발이 들어가는 총에 총알을 하나만 넣고, 언제 발사될지도 모르는 그 총을 한 사람씩 차례대로 자신을 향해 쏘는 무시무시한 게임이잖아요. 근데 손등은 왜 때려요? 혹시……, 이 달걀도 총알이 발사된다거나 폭발한다거나 그런 거예요?"

"말도 안 되는 소리! 이번에 우리가 할 것은 달걀 룰렛 게임이야. 세 달걀 중 두 개는 삶은 달걀이고, 하나는 날달걀이야. 차례대로 한 명씩 이마로 달걀을 깨 볼 거야. 삶은 달걀이라면 뽀지직 소리만 나고 아무 일 없겠지만, 그게 날달걀이면……."

골탕리아 여왕의 말을 들으며 피즈팬은 머릿속에 노란 달걀을 뒤집어 쓴 자신의 모습을 떠올렸다. 잘못하면 우스운 꼴을 당하는 것은 물론 집에도 못 가게 생겼으니, 자연스레 한숨이 나왔다.

여왕은 이미 날달걀에 자신만이 아는 표시를 해 두었기 때문에 "레이디 퍼스트~!"를 외치며 달걀 하나를 냉큼 집어 들었다. 그러고는 태연스럽게 이마에 톡 친 뒤 껍데기만 부서진 달걀을 피즈팬과 박사에게 보였다.

"어머, 삶은 달걀이네요."

이제 피즈팬이 달걀을 선택할 차례가 되었다. 남은 달걀은 두 개.

"이제 확률은 2분의 1이네."

피즈팬은 두 달걀을 노려보다가 양손에 각각 하나씩을 잡고 탁자 위에서 돌렸다. 그런데 웬일인지 같은 달걀인데도 하나는 잘 돌고 다른 하나는 돌다가 금방 멈춰 버렸다. 피즈팬은 잘 도는 달걀을 손에 들었다.

"이게 삶은 달걀이에요."

피즈팬은 자신 있게 말했다.

"훗, 어떻게 확신하지?"

여왕은 피즈팬의 선택을 얕보며 비웃었다. 그러나 피즈팬은 여왕의 비웃음에 자신감 있는 미소로 답했다.

"삶은 달걀처럼 속이 고체로 꽉 찬 물체는 날달걀처럼 속이 액체로 된 물체보다 회전을 잘하는 성질이 있어요. 그래서 잘 도는 이 달걀이 삶은 달걀이에요."

"정말이야?"

피즈팬이 그럴듯한 이유를 대자 여왕은 혹시나 하는 표정으로 미간을 찌푸렸다.

"한번 보실래요?"

피즈팬은 주저 없이 자신이 선택한 달걀을 머리에 부딪쳤다. 달걀은 '빡' 소리를 내며 금이 갔다. 피즈팬의 말대로 삶은 달걀이었다.

"오 마이 갓! 오늘 운세가 왜 이러니……."

물렁 교수는 하는 수 없이 남은 하나, 그것도 날달걀인 것이 뻔한 달걀을 집었다.

피할 수 없는 운명 앞에서 물렁 교수는 달걀을 꼭 쥐고 이마로 가져갔다. 여왕은 설마하는 표정으로 물렁 교수를 지켜보았다.

예상대로 달걀은 '퍽' 소리를 내며 깨졌고, 노른자와 흰자가 뒤범벅이 되어 물렁 교수의 얼굴 위로 주루룩 흘러내렸다.

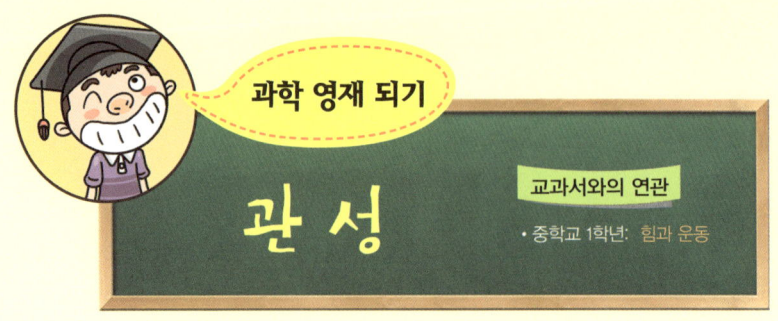

관성

재미있는 컴퓨터 게임을 하다보면 언제까지고 계속하고 싶어져요. 그러다 엄마가 "그만해라!" 소리치면 어쩔 수 없이 게임을 그만두게 되지요. 이처럼 사람들은 자신이 좋아하는 일을 계속하려는 고집이 있답니다.

그런데 물체의 경우도 이와 비슷한 고집이 있어요.

물체는 외부로부터 힘을 받지 않으면 원래의 상태를 유지하려고 하는데, 이것을 물체의 **관성**이라고 해요. 좀더 자세하게 설명하면 다음과 같이 정의할 수 있습니다.

> 외부에서 힘이 작용하지 않으면 정지해 있던 물체는 계속 정지해 있으려고 하고, 어떤 속도로 움직이고 있던 물체는 그 속도로 계속 움직이려고 하는데, 물체의 이러한 성질을 관성이라고 한다.

관성의 예를 들어 볼까요?

먼저, 옷의 먼지를 털 때를 생각해 볼 수 있어요.

먼지는 옷에 붙어 있습니다. 그런데 너무 작아서 눈에 잘 보이지 않죠. 이런 먼지를 털기 위해서 옷을 때리면 옷이 움직여요. 이때 먼지는 움직이지 않고 제자리에 있으려 하는 관성 때문에 옷과 분리되어 땅에 떨어지게 됩니다.

먼지를 털려고 옷을 때리면, 옷은 움직이지만 먼지는 제자리에 있으려고 합니다. 옷의 먼지를 털 때에도 관성이 작용해요.

관성의 또 다른 예를 들어 볼게요.

자, 버스가 교통신호에 걸려 정지해 있다고 해 봅시다. 그 버스에 타고 있는 철수가 손잡이를 잡지 않고 서 있어요. 이때 버스가 갑자기 출발하면 철수는 어떻게 될까요? 네, 뒤로 넘어질 거예요.

이것은 철수의 관성 때문이에요. 버스 바닥에 밀착되어 있는 철수의 신발은 버스와 함께 움직이는데, 철수의 몸은 정지 상태로 제자리에 있고 싶어 하니까 버스가 가는 방향과 반대로 넘어지는 겁니다.

반대로, 달리던 버스가 급제동을 하면 철수는 앞으로 넘어지게 돼요. 이것 역시 관성 때문이에요.

컵 위에 종이를 놓고 그 위에 동전을 올려놓은 다음, 종이를 빠르게 잡아당기면 어떻게 될까요? 맞아요. 동전이 컵 속으로 떨어져요.

그렇지만 종이를 천천히 잡아당기면 동전은 컵 속으로 떨어지지 않고 종이와 함께 따라옵니다. 왜 그럴까요?

관성은 물체가 제자리에 있고 싶어 하는 성질이기 때문에 빠르게 변화시켜 줘야 해요. 그런데 종이를 천천히 잡아당기면 변화가 작아서 관성의 효과가 잘 나타나지 않아 동전

종이를 빠르게 잡아당기면 관성 때문에 동전이 컵 속으로 떨어집니다.

이 종이와 함께 움직이는 거예요.

관성은 물체의 무게와 관계가 있는데, 물체가 무거울수록 관성이 크답니다.

회전 관성

이번에는 빙글빙글 도는 물체의 관성에 대해 알아볼까요?

빙글빙글 도는 운동에서도 물체는 관성을 가져요. 회전하지 않는 물체는 계속 돌지 않으려고 하고, 회전하고 있는 물체는 계속 돌고 싶어 하는 성질이 있는데, 이런 성질을 회전 관성이라고 부릅니다. 즉, 물체가 원래의 회전 상태를 유지하려는 성질을 **회전 관성**이라고 해요.

회전 관성은 물체의 무게가 아니라 모양과 관계있어요.

공의 경우 어떤 공은 속이 채워져 있고, 어떤 공은 속이 비어 있죠? 당구공과 탁구공이 그런 경우예요.

속이 비어 있는 물체는 속이 꽉 차 있는 물체보다 회전 관성이 더 커요. 그래서 속이 비어 있는 탁구공을 돌리면 잘 돌지 않으려고 해요. 반대로 속이 꽉 차 있는 당구공은 회전 관성이 작아서 살짝만 힘을 줘도 아주 잘 돌아요.

생활 과학 카페

외줄타기

공중에서 외줄을 타고 있는 사람을 보면 마음이 조마조마합니다. 외줄을 타던 사람이 잠깐 균형이라도 잃으면 가슴이 덜컹하지요.

외줄을 타는 사람들은 대부분 두 손으로 긴 장대를 들고 줄 위를 걸어갑니다.

우리나라 전통 줄타기는 한 손에 부채를 들고 다른 한 팔은 편 채 다양한 몸짓으로 아슬아슬한 묘기를 보여주기도 해요.

외줄을 타는 사람들은 왜 장대를 들거나 부채를 든 채 팔을 펴고 걸어갈까요?

이유는 바로 회전 관성 때문입니다.

가느다란 줄 위를 걷다가 넘어지는 것은 발바닥을 회전축으로 해서 회전이 일어나는 현상입니다. 이때 장대를 들거나 팔을 펴면 회전 관성이 커져서 회전을 잘 못하게 돼요. 그래서 넘어지지 않고 안정된 자세로 건널 수 있답니다.

체조 선수가 평균대 묘기를 할 때 양팔을 펴는 것도 이런 경우에 해당합니다.

기본 다지기

1. 다음 중 관성의 예가 아닌 것은?

    a) 망치의 손잡이 부분을 세워 바닥에 치면, 헐거웠던 망치의 쇠 부분이 끼워진다.

    b) 줄에 돌을 매달고 돌리다가 줄을 놓으면 돌이 날아간다.

    c) 노를 저으면 배가 앞으로 간다.

2. 무거운 사람과 가벼운 사람이 같은 속력으로 달려오고 있다. 두 사람 중 어떤 사람을 멈추게 하기가 더 어려울까?

    a) 무거운 사람   b) 가벼운 사람   c) 차이가 없다.

3. 질량과 반지름이 같은 반지와 동전이 있다. 반지와 동전 중 어느 것이 회전을 더 잘 할까?

    a) 반지   b) 동전   c) 질량이 같으므로 차이가 없다.

서프라이즈 진실 혹은 거짓

1. 날달걀을 돌린 후 손으로 잡아 멈춘 다음 다시 놓으면 날달걀은 다시 돌아간다.

    ☐ 진실　　　　☐ 거짓

2. 두루마리 휴지를 한 손으로 잡아당겨서 끊는 것은 관성을 이용한 것이다.

    ☐ 진실　　　　☐ 거짓

3. 키가 큰 사람은 키가 작은 사람에 비해 잘 안 넘어진다.

    ☐ 진실　　　　☐ 거짓

알쏭달쏭 내 생각

매일 버스를 타고 출퇴근하는 손업서 씨는 버스 손잡이를 잡지 않는 버릇이 있다. 흔들리는 버스 안에서 중심을 잘 잡는 것을 손업서 씨는 은근히 자랑으로 여겼다.

　손업서 씨가 매일 타는 503번 버스의 운전기사 눈침침 씨는

20년 동안 버스를 운전한 베테랑이다. 하지만 눈이 침침해 먼 곳에 있는 물체를 잘 보지 못한다.

어느 날 아침, 출근을 하기 위해 버스를 탄 손업서 씨는 평소처럼 버스 맨 뒤로 갔다. 그리고 중심을 잡고 다리에 힘을 준 채 손잡이를 잡지 않고 섰다. 사람들은 버스가 빨라지거나 느려질 때마다 허리를 유연하게 움직이며 중심을 잡는 손업서 씨를 신기하게 바라보았다.

그러던 중 눈침침 씨가 '끼익~'하고 급브레이크를 밟았다. 횡단보도를 건너는 할미니를 늦게 발견했기 때문이다.

버스가 갑자기 멈춰 서자 손업서 씨는 앞으로 데굴데굴 굴러가 버스 앞 기둥에 머리를 세게 부딪히고 말았다. 이 사고로 손업서 씨는 병원에 실려 갔고, 전치 6주의 진단을 받았다.

이 사건에 대해 누구의 잘못이 더 크다고 생각하는가?

☐ 손업서 씨   ☐ 눈침침 씨

기본 다지기

1. c) c)는 작용과 반작용의 예이다.

2. a) 무거운 사람이다. 질량이 클수록 물체는 관성이 커진다. 달리는 사람은 그 속도로 계속 달리고 싶어 하는 관성이 있는데, 무거운 사람이 가벼운 사람보다 관성이 크기 때문에 멈추게 하기가 더 어렵다.

3. b) 동전이나 반지는 원의 중심을 회전축으로 하여 회전한다. 이때 반지는 질량의 대부분이 회전축으로부터 멀리 떨어져 있으므로 회전관성이 커 잘 회전하지 않으려 한다. 반면 동전은 잘 회전한다.

서프라이즈 진실 혹은 거짓

1. 진실
날달걀 속의 물질은 액체 상태이므로 껍데기를 손으로 잡아도 달걀 속은 계속 돌려는 성질이 있다. 그래서 그 힘에 의해 회전하게 된다. 하지만 삶은 달걀은 고체 상태이므로 껍데기가 멈추면 안에 있는 부분도 그대로 멈춘다.

2. 진실

휴지에는 절단선이 있다. 이때 휴지를 잡아당기면 말려 있는 휴지 부분은 제자리에 있으려고 하고, 잡아당긴 부분은 손을 따라가려고 하여 절단선 부분이 끊어지게 된다.

3. 진실

물체의 모양이 길쭉할수록 회전 관성이 커서 잘 회전하지 않는다. 넘어진다는 것은 몸이 회전하는 것이므로 길쭉한, 즉 키가 큰 사람은 회전 관성이 커서 잘 안 넘어진다.

알쏭달쏭 내 생각

답 손업서 씨다.

버스는 일정한 속력으로 계속 달릴 수 없고, 그 때문에 관성의 영향으로 앞뒤로 밀리는 힘을 받는다. 그러므로 달리는 버스에서 손잡이를 잡지 않는 것은 위험한 행동이다.

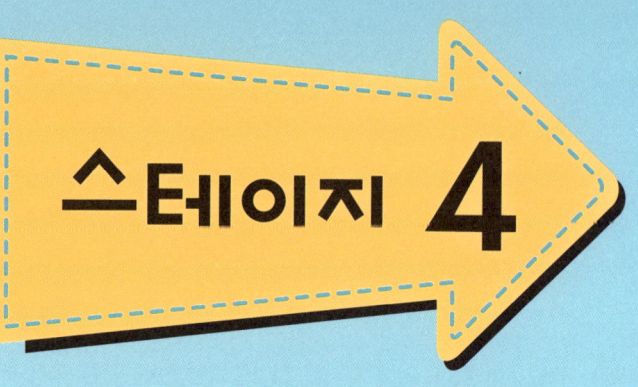

그리운 집으로
낙하 법칙

낙하하는 물체는 1초에 10 m/s씩 속도가 커진다.

"약속대로 집으로 가는 길을 알려 줘요."

피즈팬은 기대에 찬 얼굴로 여왕의 대답을 기다렸다.

"하지만 너희는 아이템이 없잖아. 아이템이 없으면 이곳을 빠져나갈 수 없어."

여왕은 약속과 달리 딴청을 부리며 피즈팬의 말을 귀담아듣지 않았다.

"아이템? 가만 이 구슬을 말하는 건가?"

피즈팬은 주머니를 뒤적여 황금 구슬을 꺼냈다.

"이런, 별수 없군. 물렁 교수, 피즈팬에게 집으로 돌아가는 길을 알려 줘요."

여왕은 약간 언짢은 표정으로 자리를 떠났다. 지기 싫어하는 여왕은 두 게임을 모두 이길 것으로 예상했지만 달걀 룰렛 게임에서 피즈팬에게 진 후 자존심이 몹시 상한 것 같았다.

"나를 따라와."

물렁 교수가 앞장서서 숲길을 걸어갔다. 그러나 곧 길은 끊기고 절벽이 나타났다.

"뭐예요? 길이 없잖아요!"

피즈팬은 화를 내며 물렁 교수에게 따졌다.

"이 절벽을 건너가면 돼. 나도 더 이상은 몰라."

물렁 교수는 귀찮다는 듯 무책임하게 말하고는 금세 어디론가 사라져 버렸다.

피즈팬은 절벽 끄트머리로 가서 아래를 내려다보았다. 구름이 낮게 깔려 있는 것으로 보아, 상당히 깊은 계곡임에 틀림없었다.

"어떡하지? 맞은편 절벽까지 건너가야 하는데……."

속상한 마음에 피즈팬은 고개를 떨구었다. 하지만 곧 좋은 방법이 생각났다.

"그래. 일단 맞은편까지의 거리를 알아봐야겠어. 맥가이봇! 내가 소리를 지를 테니까 메아리가 들릴 때까지의 시간을 재 봐."

"시간 측정? 그건 내 주 임무야!"

로테이션 스피드 게임에서처럼 맥가이봇의 얼굴에 스톱워치 화면이 나타났다. 피즈팬은 숨을 깊게 들이마신 후 크게 소리쳤다.

"야~!"

곧바로 메아리가 울려 퍼졌다.

"야~"

"0.2초 걸렸어."

"좋아. 그럼 소리가 저 절벽까지 가는 데는 0.1초가 걸렸다는 얘기야. 소리의 속력은 초속 340미터이니까 0.1초 동안 간 거리는 34미터가 되지. 그러니까 절벽까지의 거리는 34미터야."

"피즈팬! 내게 장착되어 있는 줄이 40미터 정도 돼. 그걸 던져서 일단 다리를 만들자."

"좋은 생각! 역시 맥가이봇은 만능 로봇이야."

"이제 알았어?"

피즈팬의 칭찬에 신이 난 맥가이봇은 줄을 맞은편 절벽으로 힘차게 던졌다. 한쪽 끝에 갈고리를 매단 줄은 맞은편 절벽에 있는 튼튼한 나무 둥치에 걸렸다.

"성공!"

피즈팬은 맥가이봇의 팔에 장착되어 있는 줄 끝을 풀어 절벽에서 가장 가까운 나무에 단단하게 묶었다. 그러자 34미터의 외줄 다리가 완성되었다.

"가자! 피즈팬!"

맥가이봇이 씩씩하게 소리쳤다. 하지만 피즈팬은 절벽 아래를 보고는 차마 발이 떨어지지 않았다.

"왜 그래, 피즈팬?"

"내가 외줄타기 귀신도 아니고……. 생각했던 것보다 더 무서워."

피즈팬은 식은땀을 흘리며 외줄을 보았다.

"피즈팬, 아래를 보지 말고 앞만 보고 걸으면 덜 무서울 거야."

"가만……, 맞아! 회전 관성을 이용해야겠어."

"회전 관성?"

"그래. 잠깐만……."

피즈팬은 급히 근처 숲으로 달려갔다. 그리고 울창한 나무들 사이를 한참을 두리번거리며 분주히 다니다가 빽빽하게 위로 쭉 뻗은 나무들 앞에 멈춰 섰다.

"피즈팬, 이건 대나무잖아?"

"맞아. 이게 외줄을 건너는 데 도움이 될 거야."

"정말 그랬으면 좋겠다!"

피즈팬은 여러 그루의 대나무들을 손으로 만져보고 쥐어보며 굵기를 가늠해 보았다. 맥가이봇도 피즈팬을 따라 대나무를 만져보았다.

"맥가이봇, 절단!"

손에 들기에 알맞은 대나무를 발견한 피즈팬은 맥가이봇에게 대나무의 아래쪽과 위쪽을 자르도록 했다. 그러자 기다란 봉이 만들어졌다.

"줄타기 선수처럼 긴 봉을 들고 건너면 될 거야. 회전의 중심에 무거운 것들이 놓이면 회전이 잘 안 되거든. 그럼 줄에서 빙그르르 돌지 않으니까 잘 안 떨어지게 되지."

피즈팬은 긴 대나무의 중심을 두 손으로 잡고 한 걸음씩 앞으로 내딛으며 외줄을 탔다. 맥가이봇도 또 다른 대나무 봉을 들고 피즈팬 뒤를 따랐다.

피즈팬이 진땀을 흘리며 맞은편 절벽에 거의 다다랐을 무렵, 또다시 골탕리아 여왕이 물렁 교수와 함께 어디선가 나타났다.

"이렇게 쉽게 이곳을 떠나게 할 수는 없지. 너희들은 우리의 비밀을 너무 많이 알고 있거든."

여왕은 물렁 교수를 향해 눈짓을 했다. 그러자 물렁 교수가 커다란 가위로 줄을 자르기 시작했다.

"안~ 돼~!"

피즈팬이 비명을 질렀다. 하지만 야속하게 줄은 끊어지고 피즈팬과 맥가이봇은 절벽 아래로 떨어졌다. 피즈팬은 맥가이봇을 부둥켜안았다.

"피즈팬~! 왜 떨어지는 거야~?"

맥가이봇이 소리쳤다.

"지구가 잡아당기는 힘, 중력 때문이야. 근데 넌 이런 상황에서 그런 말이 나오니? 속력이 점점 더 커진단 말이야!"

"얼마까지 커지는데?"

"아이 참! 이런 식으로 빨라지다간 바닥에 도착할 때는 시속 100킬로미터도 넘게 될걸! 그러면…… 으악!"

피즈팬은 겁을 먹고 맥가이봇을 더욱 세게 끌어안았다. 맥가이봇은 피즈팬 품 안에서 버둥대다가 버튼 하나를 발견했다.

"이 버튼은 뭐지?"

자신도 모르는 버튼이 맥가이봇 배에 튀어나와 있었다.

"맞아, 그거야! 아이템으로 낙하산을 받았었지!"

피즈팬의 입가에 미소가 번졌다.

"맥가이봇! 빨리 버튼을 눌러!"

맥가이봇이 버튼을 누르자, 피즈팬의 말대로 낙하산이 '촤악'하고 펼쳐졌다.

순간, 빠르게 떨어지던 피즈팬과 맥가이봇의 몸이 위로

붕 떠오르는 듯 싶더니 아래로 떨어지는 속력이 급격히 줄어들었다. 둘은 낙하산에 대롱대롱 매달려 천천히 아래로 내려왔다.

"휴~ 아깐 네 질문 때문에 화가 나 미치는 줄 알았어."

피즈팬은 맥가이봇의 다리에 매달려 안도의 한숨을 내쉬었다.

"그건 네 잘못이야. 새로운 내용은 바로바로 확인해서 저장하도록 날 만들었잖아. 그래서 말인데, 지금은 왜 천천히 떨어지는 거야?"

맥가이봇은 키득 웃으며 피즈팬을 내려다보았다.

"으이그……! 네 머리 위를 봐. 거대한 낙하산이 펼쳐져 있잖아."

"그거랑 무슨 상관이 있는데?"

"떨어지는 물체는 공기가 위로 받치는 공기저항이라는 힘을 받게 돼. 특히, 낙하산처럼 넓은 천은 공기의 저항을 아주 많이 받아. 이렇게 되면 지구가 잡아당기는 힘과 공기저항이 비겨서 아무 힘도 받지 않는 것처럼 떨어지게 되거든. 그래서 낙하산이 펼쳐지면 점점 빨라지는 게 아니라 일정한 빠르기로 천천히 떨어지게 되는 거야."

잠시 후, 피즈팬과 맥가이봇은 안전하게 착륙했다.

"여기는……."

피즈팬은 주변을 보고 깜짝 놀랐다.

도착한 곳은 처음 고양이 캐트피를 따라왔던, 연못이 있는 곳이었다.

"드디어 출구를 찾았구나."

어디선가 나타난 캐트피가 미소를 지으며 서 있었다.

"캐트피……."

피즈팬이 말을 마치기도 전에 캐트피는 손에 든 지팡이를 피즈팬과 맥가이봇에게 가져다 대었다. 그러자 뽀얀 안개가 피어올라 주위를 감쌌다.

"여기가 어디지……?"

잠시 후 안개가 걷혔을 때, 피즈팬은 집이 보이는 뒷산의 작은 언덕에 있었다.

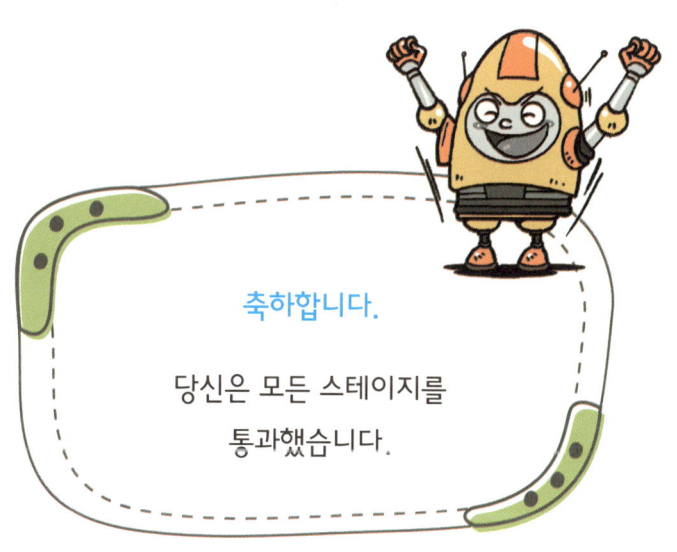

축하합니다.

당신은 모든 스테이지를
통과했습니다.

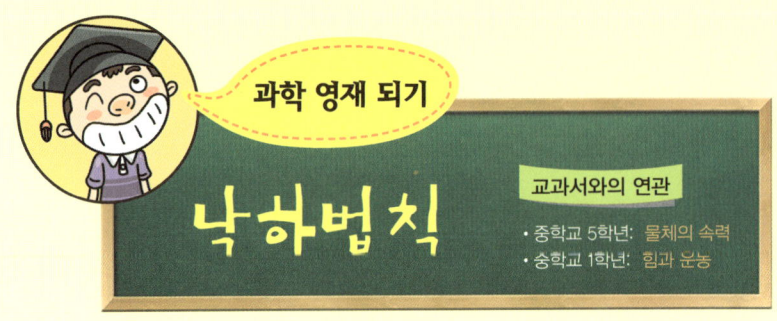

낙하 법칙

 이번에는 떨어지는 물체의 운동에 대해 알아보기로 해요.
 물체가 아래로 떨어지는 것은 지구가 물체를 잡아당기는 힘(중력) 때문입니다. 물체가 떨어지면서 속력이 커지는 이유도 바로 중력 때문이지요.
 그러면 물체의 속도는 얼마나 빨라질까요?
 예를 들어, 물체를 위에서 가만히 떨어뜨린다고 해 봐요.
 처음에 물체의 속력은 0이에요. 그러다 1초 후에는 10 m/s가 되고, 2초 후에는 20 m/s, 3초 후에는 30 m/s가 됩니다. 1초에 10 m/s씩 빨라졌어요. 그러니까 오랜 시간 동안 물체가 낙하하면 물체의 속도가 엄청나게 빨라진답니다.
 물체의 낙하 속도가 매초마다 달라지므로, 1초 동안 물체가 낙하한 거리도 달라집니다. 속력이 빠르면 물체도 그만큼 많이 움직이기 때문이에요.

구체적으로 어떻게 달라지는지 한번 알아볼까요?

먼저, 처음 1초 동안 낙하한 거리를 구해 볼게요. 처음에 속력이 0이었다가 1초 후에 10 m/s로 변했으니까 평균을 내면, 1초 동안의 물체의 속력은 5 m/s입니다. 이 속력으로 1초 동안 움직인 거리가 바로 1초 동안 물체가 낙하한 거리예요.

따라서 이동 거리는 속력과 걸린 시간의 곱이므로, 1초 동안 낙하한 거리는

$$5 \times 1 = 5(\text{m})$$

입니다. 즉, 지구에서 물체는 무게와 관계없이 항상 1초 후에 5 m 떨어지게 되어 있어요.

이번에는 1초와 2초 사이의 낙하 거리를 구해 볼게요.

1초일 때 속력이 10 m/s이고 2초일 때 속력이 20 m/s이므로, 평균을 구하면 낙하한 물체의 속력은 15 m/s입니다.

Tip

평균

두 수의 평균은 두 수를 더한 값을 2로 나눈 값이다. 철수의 영어 점수가 90점, 수학 점수가 100점인 경우 철수의 평균 점수는 (90+100) ÷ 2 = 95(점)이 된다.

따라서 1초에서부터 2초까지 1초 동안 낙하한 거리는 15m가 돼요.

마찬가지로, 2초(20 m/s)에서 3초(30 m/s) 사이의 평균 속력을 계산하면 25 m/s입니다. 그리고 2초에서 3초까지의 1초 동안 낙하한 거리는 25 m예요.

여기에서 1초 동안, 2초 동안, 3초 동안 낙하한 거리를 살펴보면 다음과 같습니다.

1초 동안 낙하한 거리 = 5(m)
2초 동안 낙하한 거리 = 5 + 15 = 20(m)
3초 동안 낙하한 거리 = 5 + 15 + 25 = 45(m)

다시 이들의 비를 구하면 다음과 같습니다.

$$5\,m : 20\,m : 45\,m = 1 : 4 : 9 = 1^2 : 2^2 : 3^2$$

물체의 낙하 거리가 떨어지는 시간의 제곱이 되었어요.

이처럼 물체가 높은 곳에서 떨어질 때 물체의 낙하 거리는 떨어지는 시간의 제곱에 비례하여 커집니다. 이것을 갈릴레이의 **낙하 법칙**이라고 합니다.

공기저항

비는 높은 곳에서 떨어지는데, 왜 별로 빠르지 않을까요? 그것은 바로 공기 때문입니다. 공기는 눈에 보이지 않는 질소나 산소 같은 작은 분자들로 이루어져 있습니다.

물체는 떨어지면서 공기 분자들과 충돌하는데, 이때 공기 분자들이 물체에 작용하는 힘을 **공기저항**이라고 합니다. 이 힘은 지구가 물체를 잡아당기는 중력과 반대 방향이에요. 공기저항이 중력에 의해 빗방울의 속력이 빨라지는 것을 막아주므로, 빗방울은 속력이 점점 커지지도 않고 그리 빠르지도 않은 일정한 속도로 땅에 떨어집니다.

종이나 깃털이 천천히 떨어지는 것 역시 공기저항 때문이에요. 공기저항은 물체가 공기와 닿는 넓이가 넓을수록 커집니다. 예를 들어, 종이 두 장을 하나는 펼쳐진 상태로 두고 다른 하나는 공 모양으로 구긴 다음 같은 높이에서 떨어뜨리면, 구기지 않은 종이가 바닥에 훨씬 늦게 떨어지는 것을 확인할 수 있어요. 무게에 비해 공기와 닿는 면이 넓은 펼쳐진 종이가 공기저항을 크게 받았기 때문입니다.

생활 과학 카페

인공위성

17세기 뉴턴은 우주의 모든 물체는 서로 끌어당긴다고 하는 만유인력의 법칙으로부터 인공위성의 가능성을 제시했습니다.

공중에서 물체를 놓으면 물체와 지구 사이의 만유인력(중력)에 의해 물체는 수직으로 떨어집니다. 물체를 수평으로 던지면 운동 방향과 직각으로 중력이 작용하기 때문에 곡선을 그리며 떨어집니다. 더 빠른 속력으로 물체를 던지면 더 멀리 날아가서 땅에 떨어져요.

그런데, 어떤 속력으로 물체를 던지면 지구에 떨어지지도 않고 멀리 달아나지도 않는 원운동을 하게 됩니다. 높은 곳에서는 대기가 희박해 공기의 저항을 거의 받지 않으므로 계속 지구 주위를 돌게 되지요. 물론 엄청나게 빠른 속력으로 던지면 지구로부터 아주 먼 데로 날아가 버립니다.

뉴턴은 이와 같은 원리를 알고 있었지만, 그때의 기술은 지구로부터 물체를 높이 쏘아 올릴 수도, 물체가 원운동을 할 만큼 빠른 속력을 낼 수도 없었어요.

과학과 기술이 발전한 20세기에 이르러서야 비로소 인공위성을 띄워 올릴 수 있게 되었답니다.

기본 다지기

1. 물체가 낙하한 후 7초가 지났을 때 물체의 속력은?

    a) 7 m/s   b) 70 m/s   c) 100 m/s

2. 다음 중 지구에서 종이를 빠르게 떨어지게 하는 방법은?

    a) 종이의 넓은 면이 바닥을 향하도록 떨어뜨린다.
    b) 종이를 똑바로 세워서 떨어뜨린다.
    c) 어떻게 떨어뜨리든 종이는 같은 속도로 떨어진다.

3. 달에서 종이와 쇳덩어리를 같은 높이에서 동시에 떨어뜨리면 어느 것이 먼저 떨어질까?

    a) 종이   b) 쇳덩어리   c) 동시에 떨어진다.

서프라이즈 진실 혹은 거짓

1. 샤프심은 157 m에서 떨어져도 부러지지 않는다.

   ☐ 진실　　　☐ 거짓

2. 갈릴레이는 무거운 물체와 가벼운 물체가 똑같이 떨어진다는 실험을 피사의 사탑에서 했다.

   ☐ 진실　　　☐ 거짓

3. 종이를 책 위에 올려놓고 떨어뜨리면, 책이 먼저 떨어지고 그 다음 종이가 나풀거리면서 떨어진다.

   ☐ 진실　　　☐ 거짓

알쏭달쏭 내 생각

장난을 좋아하는 또장난 씨에게는 초등학교에 다니는 귀여운 아들 또실패가 있다. 또장난 씨는 아들과 과학 게임 하는 것을 즐겼다. 어느 날 또장난 씨는 만 원짜리 한 장을 들고 와서 아들에게 게임을 하자고 했다. 게임방법은 간단했다.

또장난 씨는 아들의 집게손가락과 가운뎃손가락을 벌리게 한 다음, 지폐를 길게 세워 위쪽 끝을 잡고 지폐 중간쯤이 아들 손가락 사이에 오도록 했다.

"내가 떨어뜨리는 이 돈을 잡으면, 너한테 주마."

"정말이죠?"

아빠의 제안에 또실패 군은 마치 자신이 이기기라도 한 듯, 만 원으로 어떤 장난감을 살까 고민했다.

잠시 후 게임이 시작되었다.

아빠가 언제 돈을 떨어뜨릴지 몰라 또실패 군은 지폐의 끄트머리를 뚫어져라 쳐다보았다. 드디어 지폐가 떨어졌다.

슈우욱!

지폐는 아주 빠르게 바닥으로 떨어졌다. 물론 또실패 군의 손가락에는 아무것도 걸리지 않았다. 또장난 씨는 아들에게 두 번 더 기회를 주었지만 또실패 군의 손가락에 부딪치는 것은 공기뿐이었다.

이 경기는 공평한가? 아니면 불공평한 경기인가?

☐ 공평하다. ☐ 불공평하다.

기본 다지기

1. c) 1초에 10 m/s씩 속력이 커지므로 7초 때의 속력은 70 m/s가 된다.

2. b) 종이를 세워서 떨어뜨린다. 그러면 공기와 닿는 면적이 작아져 공기저항을 적게 받으므로 종이가 빠르게 떨어진다.

3. c) 달에는 공기가 없으므로 낙하하는 물체는 공기저항을 받지 않는다. 그러므로 두 물체는 동시에 떨어진다.

서프라이즈 진실 혹은 거짓

1. 진실
   가벼운 샤프심은 내려오면서 공기저항을 많이 받아 천천히 내려온다. 따라서 샤프심이 부러질 정도의 충격을 받지 않는다.

2. 거짓
   갈릴레이는 피사의 사탑 실험을 한 적이 없다. 다만 그의 제자들이 마치 갈릴레이가 실험을 한 것처럼 책에 적어 놓았을 뿐이다.

3. **거짓**
동시에 떨어진다. 책이 종이가 받을 공기저항을 막아 주는 역할을 하기 때문이다.

알쏭달쏭 내 생각

답 **불공평하다.**
어떤 사람도 지폐를 잡을 수 없다. 이것은 뇌의 반응 시간이 지폐가 자유 낙하하는 데 걸리는 시간보다 더 오래 걸리기 때문이다.

| 부록 | 과학자가 쓰는 과학사 |

갈릴레이가 쓰는 과학사

갈릴레이 갈릴레오
(1564. 2. 15 ~ 1642. 1. 8)

흔들이의 운동

안녕하세요. 나는 물리학자 갈릴레이예요. 사람들은 나를 천문학자 또는 수학자라고 부르기도 하지요. 피사의 사탑이 있는 이탈리아의 피사가 바로 1564년 내가 태어난 곳이랍니다.

어린 시절 나는 수도원에서 공부한 후 의사가 되기 위해 피사 대학에 입학했어요. 그런데 대학 시절, 내가 물리학에 재능이 있다는 걸 우연히 알게 된 사건이 벌어졌답니다.

1581년 어느 일요일이었어요. 그날 나는 피사의 성당에 갔는데, 그날 따라 신부님의 설교가 무척 지루하게 느껴졌습니다. 그때 갑자기 성당 안으로 돌풍이 불어와 천장에 매달려 있던 샹들리에가 그네처럼 흔들리기 시작했어요. 나는 이리저리 흔들리는 샹들리에의 움직임을 유심히 바라보았지요.

 샹들리에는 흔들림의 폭이 크던 작던 관계없이 같은 자리로 되돌아오는 데 걸리는 시간이 매번 같았습니다. 그것은 정말 놀라운 발견이었어요. 흔들림의 폭

갈릴레오의 램프라고 불리는 피사 성당의 샹들리에

이 클 때는 더 긴 거리를 움직이니까 시간이 더 오래 걸릴 것 같은데 실제로는 그렇지 않다는 것을 처음으로 발견한 거니까요. 그 시절에는 시계가 없어서 나는 맥박 수를 헤아려서 시간을 측정했답니다.

 집으로 돌아오자마자 나는 성당에서 관찰했던 대로 실험을 해 보았습니다. 천장에 줄을 달고 줄 끝에 공을 매달아 그네처럼 흔들리게 했지요. 정말 놀랍게도 공이 제자리로 돌아오는 데 걸

| 부록 | 갈릴레이가 쓰는 과학사 |

리는 시간이 같았어요.

나는 신이 나서 다른 실험을 더 해 보았답니다. 줄의 길이를 더 길게 했더니 제자리로 돌아오는 데 시간이 더 많이 걸렸어요. 줄이 긴 만큼 시간도 더 오래 걸린 거지요.

이번에는 줄의 길이를 그대로 하고 조금 더 무거운 공을 매달아 흔들거리게 해 봤습니다. 하지만 무거운 공이 제자리로 돌아오는 데 걸린 시간은 가벼운 공을 매달았을 때와 달라지지 않았어요. 바로 이 사실이 내가 처음 발견한 물리 법칙입니다.

피사의 사탑 실험의 진실

물리 법칙을 발견한 후 나는 의학보다 물리학을 공부하고 싶어졌습니다. 그래서 1584년 대학을 중퇴하고, 리치 선생님에게 수학과 물리학을 본격적으로 배웠어요. 그리고 1592년부터 피사 대학에서 수학과 물리학

피사의 사탑

을 가르쳤답니다.

 나는 낙하 법칙에 관심이 많았어요. 그때는 모든 사람들이 무거운 물체와 가벼운 물체를 공중에서 동시에 떨어뜨리면 무거운 물체가 더 빨리 땅에 떨어진다는 아리스토텔레스의 생각을 믿고 있었어요.

 하지만 나는 아리스토텔레스의 낙하 법칙을 믿지 않았습니다. 그의 주장대로라면, 5 kg의 물체와 1 kg의 물체를 10 m 높이에서 떨어뜨리면 5 kg의 물체가 다섯 배 빨리 떨어져야 해요. 이것은 5 kg의 물체가 땅에 떨어지는 순간 1 kg의 물체는 2 m만 떨어져야 한다는 겁니다.

 내 생각은 달랐어요. 만일 두 물체를 가느다란 줄로 묶어서 떨어뜨리면 전체적으로는 6 kg의 물체가 떨어지는 셈이므로, 5 kg의 물체보다 더 빨리 떨어져야 할 겁니다.

 또 다르게 생각할 수도 있어요. 5 kg의 물체는 빨리 떨어지려고 하고 1 kg의 물체는 천천히 떨어지려고 하니까, 1 kg의 물체가 빨리 떨어지려고 하는 5 kg의 물체를 방해하여 5 kg의 물체가 더 천천히 떨어진다고 볼 수도 있어요.

 이처럼 아리스토텔레스의 낙하 법칙은 문제점을 가지고 있었

| 부록 | 갈릴레이가 쓰는 과학사 |

어요. 그래서 나는 무거운 물체든 가벼운 물체든 두 물체를 같은 높이에서 떨어뜨리면 같은 시간 후에 바닥에 떨어진다고 가정하게 되었습니다.

여기서 잠깐 바로잡고 싶은 게 있어요. 사람들은 내가 피사의 사탑에서 무거운 물체와 가벼운 물체를 떨어뜨리는 실험을 한 걸로 알고 있지만 나는 그런 실험은 한 적이 없답니다.

사실 그것은 1586년에 네덜란드의 물리학자 스테빈이 10 m 높이에서 10배 정도 무게 차이가 있는 두 개의 공을 떨어뜨려서 공들이 동시에 떨어진 것을 확인한 실험이었습니다. 그런데 1638년 내가 쓴 책 《새로운 과학과의 대화》를 편집하던 제자 비비아니가 피사의 사탑에서 내가 실험한 것으로 적어놓는 바람에 사람들이 아직까지 그렇게 믿고 있는 거랍니다.

망원경을 통해 본 우주

1592년에 나는 이탈리아의 파도바 대학의 교수가 되었습니다. 파도바는 베네치아 옆에 있는 작은 도시입니다. 이 대학에서 학생들에게 수학과 천문학을 가르치고, 실험실이 딸린 3층짜리 집에 살면서 많은 연구를 했어요.

　1609년 어느 날, 나는 네덜란드의 한스 리퍼세이가 1608년 망원경을 발명했다는 이야기를 들었습니다. 렌즈 가게를 하던 리퍼세이는 우연히 오목렌즈와 볼록 렌즈를 겹쳐 눈에 대고 멀리 있는 교회를 보았는데 교회가 크게 보였다고 했어요.

　나는 리퍼세이의 방법대로 두 개의 렌즈를 이용해 망원경을 만들어 보았습니다. 물론 내가 만든 망원경은 리퍼세이의 것보다 훨씬 성능이 좋아서 물체를 30배나 크게 볼 수 있었답니다.

　이후 나는 내가 만든 망원경으로 우주를 관찰하기 시작했습니다. 먼저 달을 들여다보았어요. 망원경으로 본 달은 많은 사람들이 생각한 것처럼 매끄럽지 않고 오히려 여기저기 패여 있어서 몹시 지저분해 보였어요. 달의 이런 분화구를 크레이터라고 하는데, 그것을 내가 처음 관측한 거예요.

　나는 지구뿐만 아니라 목성에도 달이 있다는 것을 처음으로 관측했고, 토성이 고리를 가지고

망원경으로 우주를 관찰해 우주의 여러 가지 사실들을 밝혀냈어요.

| 부록 | 갈릴레이가 쓰는 과학사 |

있다는 것도 알아냈습니다. 그리고 은하수가 아주 많은 별들로 이루어져 있다는 사실도 알아냈지요.

　우주의 관찰을 밤에만 한 것은 아니랍니다. 낮에는 망원경으로 태양을 들여다보았는데, 밝게 빛나는 태양에 검은 점들이 여기저기 보였답니다. 즉 태양의 흑점을 발견한 거지요. 이렇게 망원경을 통해 관측한 모든 결과를 나는 1610년 《별에 대한 보고서》라는 책으로 엮어냈습니다.

그래도 지구는 돈다

　이제 나의 가장 힘들었던 시절에 대해 얘기를 해야겠군요. 망원경을 통해 우주를 바라보면서 나는 금성의 모양이 초승달에서 보름달 모양으로 점점 변한다는 것을 알아냈습니다. 이것은 금성이 태양의 주위를 돌기 때문입니다.

　그때 나는 지구도 금성처럼 태양의 주위를 돌고 있다고 확신했어요. 이렇게 태양 주위를 지구가 돈다고 하는 이론을 '태양중심설'이라고 합니다.

　당시 로마 교회에서 지구는 우주의 중심으로 움직이지 않고,

천체가 지구의 주위를 돈다고 하는 지구 중심설만 인정했습니다. 로마 교회는 자신들이 정한 이론에 반대 이론을 얘기하는 사람은 종교재판을 통해 벌을 주었답니다.

하지만 나는 관측한 많은 자료를 토대로 지구가 태양 주위를 돌고 있다는 믿음을 버릴 수 없었어요. 그래서 1632년 이러한 내용을 《천문 대화》라는 책에 실었지요.

이 책이 나오자마자 로마 교회는 책을 모두 압수했고, 나는 종교재판에 끌려갔습니다. 종교재판에서 그들은 내가 성서에 위배되는 얘기를 한 것을 인정하라고 했어요. 당시 종교재판의 권위를 무시하면 바로 사형을 당했으므로, 나는 어쩔 수 없이 책에 쓴 내용이 성서에 위배되고 다시는 이렇게 옳지 않은 내용을 사람들에게 알리지 않겠다고 맹세했지요.

로마 교회로부터 심문을 받고 있는 갈릴레오

결국 나는 사형이나 종신형은 면했지만 집에서 밖으로 나가지 말라는 가택연금을 당했습니다. 사람들은 내가 종교재판이 끝나자 "그래도 지구는 돈다."라고 말했다고들 하지만 그건 전혀 사

부록 갈릴레이가 쓰는 과학사

실이 아니에요. 만약 당시에 그렇게 말했다면 나는 그 자리에서 바로 사형 당했을 거예요. 이것 역시 지어내기 좋아하는 사람들이 만든 말에 불과하지요.

결국 나는 남은 인생을 집에 갇힌 채, 망원경으로 우주를 관측하며 지냈답니다. 매일 망원경으로 태양의 흑점을 관측하다보니 1637년에는 시력까지 잃고 말았어요. 장님이 된 나는 1642년 78세로 세상을 떠날 때까지 집에서 쓸쓸한 생활을 했습니다.

GO! GO! 과학특공대 11
달려라 달려 속력

지은이 • 정 완 상
펴낸이 • 조 승 식
펴낸곳 • 도서출판 이치 사이언스
등록 • 제9-128호
주소 • 142-877 서울시 강북구 한천로 153길 17
홈페이지 • www.bookshill.com
전자우편 • bookswin@unitel.co.kr
전화 • 02-994-0583
팩스 • 02-994-0073

2011년 11월 10일   제1판 1쇄 발행
2016년 8월 10일   제1판 4쇄 발행

가격 7,500원

ISBN 978-89-91215-14-6
978-89-91215-70-2(세트)

• 잘못된 책은 구입하신 서점에서 바꿔 드립니다.

GO! GO! 과학특공대 시리즈

1. 가장 위대한 발명 **수**
2. 끼리끼리 통하는 **암호**
3. 구석구석 미치는 **힘**
4. 찌릿찌릿 통하는 **전기**
5. 온도와 상태를 변화시키는 **열**
6. 세상의 기본 알갱이 **원자**
7. 수·금·지·화·목·토·천·해 **태양계**
8. 몸무게가 줄어드는 **달**
9. 끝없는 초원에서 만난 **아프리카 동물**
10. 숨 쉬고 운동하는 **식물의 생활**
11. 달려라 달려 **속력**
12. 흔들흔들 **파동**
13. 세어볼까? **경우의 수**
14. 울려라 울려 **악기과학**
15. 초록 행성 **지구**
16. 보글보글 **기체**
17. 조각조각 **분수**
18. 반사하고 굴절하는 **빛**
19. 무게가 없는 **무중력**
20. 나눌까 곱할까? **약수와 배수**
21. 꾹꾹 눌러 **압력**
22. 뛰어 보자 **수뛰기**
23. 둥둥 뜨게 하는 **부력**
24. 외계에서 온 **UFO**
25. 쉽고 빠른 셈셈 **셈**
26. 우리의 가장 오랜 친구 **곤충**
27. 밀고 당기는 **자석**
28. 신기하고 놀라운 **삼각형**
29. 맞혀 볼까? **확률**
30. 한눈에 쏙쏙 **통계**

다음 책들이 곧 여러분을 만날 준비를 하고 있습니다.
많이 기대해 주세요.

- 사각형
- 비율
- 도형
- 놀이동산
- 도구
- 액체
- 화학반응
- 용액
- 숲속의 벌레
- 우리 주위의 동물
- 세계 곳곳의 동물
- 새
- 여러 종류의 동물
- 소화
- 인체
- 지구 변화
- 날씨
- 지질시대
- 바다